決定版

面白いほどよくわかる!

他人の心理学

目白大学教授
渋谷昌三
SHOZO SHIBUYA

PSYCHOLOGY SERIES vol.2

オールカラー

西東社

はじめに

「この人は今、何を考えているのだろうか」「どうしてこの人は、こういう行動をするのだろうか」などと他人の心理を知りたくなることがしばしばあります。実際、その人の性格や考えていることを手に取るように理解することができれば、もっと人間関係がスムーズに行くのではないかと思ってしまいます。

人の考え方や行動には個性が現れます。人と人が個性をもっている以上、お互いが理解し合うためにはその個性を知ることが必要です。そして、お互いの個性や性格を理解できれば、人間関係は好転していくのではないでしょうか。上司や部下、恋人同士、そして親子関係まで、あらゆる対人関係を良好に営むためには、相手を知ることが最も重要なことだといえるでしょう。

そこで心理学が登場します。人の心理を読み解く学問が心理学ですが、簡単に言えば「目に見える行動」と、そこから推測される「心の動き」を研究するものです。他人の心理も、人のからだの状態や行動を見て、そこに隠された心を推測します。

例えば、目を見るだけでその人が今どのような心境かを推測することができますし、しぐさや口癖などからも心理を読み取ることができます。あるいは、その人の過去や家庭環境などからも心理を推し量ることができます。そこにはさまざまな分野の心理学が役立ちます（⇩P14）。

本書は、科学的に「心のしくみ」を解き明かす心理学の観点から他人の心理をわかりやすく解説しました。人がいて行動する限り、どんな場面でも心理が働いているのだということがおわかりいただけると思います。そして、人間の面白さ、複雑さに改めて気づくのではないでしょうか。

渋谷昌三

CONTENTS

PART 2
口癖・話題からわかる心理 ……… 67～106

① 「ここだけの話」と耳打ちする ……… 68
自分の存在をアピールしたい、優越感に浸りたい

② 自慢話をしたがる ……… 70
自尊感情をもったナルシストが多い

③ 難しい言葉、カタカナ語を使いたがる ……… 72
自分を知的に見せようとする知性化とコンプレックス

④ うわさ話が大好きな女性 ……… 74
話し好きで、言語処理能力に優れた女性ならでは

⑤ 必要以上に敬語を使って話したがる ……… 76
距離を置きたいという警戒心とコンプレックス

⑥ 「昔はよかった」とよく言う ……… 78
時代に取り残される不安からの逃避と優位性

⑦ 血液型の話が大好き ……… 80
グループに属している安心感と、対人関係への不安

⑧ 「一応」「とりあえず」 ……… 82
自信のなさを補うための自己防衛反応

⑨ 「だから」「つまり」 ……… 84
自己主張が強く、理屈っぽい

⑩ 「私って○○な人だから」 ……… 86
自分で自分を定義する図太さ

⑪ 「○○みたいな」「なんか○○」 ……… 88
逃げ道を用意しながら話す、実は腹黒い「あいまい系」

⑫ 「別に」「別にいいんだけど」 ……… 90
一言で相手を不安にし、周りから敬遠される言葉

⑬ 「でも」「だって」 ……… 92
否定的な言葉を続けて、重箱の隅をつつくように文句を言う

⑭ 「みんなと同じでいい」 ……… 94
当たり障りなく生きる追従型

⑦ いつも後ろの席に座ろうとする……120
好きなものには近づき、苦手なものからは遠ざかろうとする

⑧ 職場に私物を持ち込む……122
自分の縄張り(パーソナル・スペース)を主張している

⑨ ストレスが原因で大食いしてしまう……124
ただの「やけ食い」から摂食障害に至ることも

⑩ ギャンブルをやめられない……126
たまに思いがけない報酬がある「部分強化」に魅力を感じる

⑪ どうしてもタバコをやめられない……128
身体面と心理面、2種類の依存状態がある

⑫ 次から次へ資格を取りたがる……130
可能性を捨てられず、自分の生き方を決められない

⑬ 宴会の席でもしゃべらない……132
他人と自然な会話ができない雑談恐怖症

⑭ 派手なファッションが大好き……134
不安感や自信のなさを解消する効果がある

⑮ 整形手術を繰り返す……136
自分のことを「醜い」と妄想的に思い込む身体醜形障害

⑯ まぶしくないのにサングラスをかける……138
心理的に他人より優位に立つことができ、変身願望を満たすアイテム

⑰ ひとり笑いやひとり言が多い……140
周囲が「何か変だ」と感じるならば統合失調症の疑い

⑱ 無料(タダ)という言葉に弱い……142
タダより高いものはない。思いがけない出費になることも

⑲ すぐにカッとなり暴力をふるう……144
社会的なルールを守れない反社会性パーソナリティ障害

⑳ 頻繁に夫婦げんかをする……146
抑圧された感情を解放し、カタルシスを得ている

㉑ いつもガムを噛んでいる……148
不安を鎮め、心を落ち着かせる効果がある

㉒ 運転すると態度が豹変する……150
車の万能感を自分の力のように思い込む

PART 4 外見からわかる心理

PART 5 ビジネスシーンで読める心理

⑨ 会議で入り口近くに座りたがる ……… 194
「会議で失敗したらどうしよう」という不安を抱えている

⑩ 自分のアピールが上手 ……… 196
自分自身のことをわかっている人は状況把握もできる

⑪ 業績より地位や権威に興味がある ……… 198
上昇志向とは裏腹に、劣等感を抱いている

⑫ 外見にこだわるビジネスマン ……… 200
取引先によい印象を与えれば、仕事も獲得できる

⑬ ゴマすり上手 ……… 202
相手の好意を得るためのコミュニケーション方法の一つ

⑭ コミュニケーションが苦手な若者 ……… 204
強い対人不安、非言語的コミュニケーションの不足

⑮ 転職を繰り返す ……… 206
理想を求めてさまよい続ける「青い鳥症候群」

⑯ ストレスで出社拒否症になる ……… 208
真面目で頑張り屋の人ほど陥りやすい心の病

⑰ 突然無力感に襲われる ……… 210
バリバリ働いてきた人が陥る「バーンアウト症候群」

PART 6 恋愛における心理 ……… 215 ～ 251

① 結婚相手の選び方、女と男の違い ……… 216
女性はステータスや数字で、男性は外見と相性で選ぶ

② 恋人を奪う女、尽くす女 ……… 218
人のものが欲しくなる略奪愛、尽くすことで喜びを見出す捧げる愛

③ フラれたあとは落としやすい？ ……… 220
自信を失ったときに好意を示すと、相手は喜ぶ

④ 好きな人の好みに合わせてしまう ……… 222
好きな人を振り向かせるために印象操作をする

5 一目惚れはなぜ起こる？ …… 224
「理想の異性＝好きな人」と思い込んでしまう

6 浮気をする理由、男と女の違い …… 226
男の浮気は性欲を満たすため、女は夫への不満から

7 女は男の浮気にすぐ気づく …… 228
女のカンはパートナーの浮気を見破る

8 マメな男はなぜモテる？ …… 230
女性が欲していることを、恩着せがましくなくできる

9 「大きさ」「イカせる」にこだわる男 …… 232
ペニスが大きいこと、イカせられることが男の勲章と信じている

10 自分に似た相手に魅力を感じる …… 234
お互いに似ている人を選ぶマッチング仮説と類似性の法則

11 性格が正反対の相手を選ぶとき …… 236
自分にないものを補ってくれる人に惹かれる

12 困難な恋ほど燃え上がる …… 238
反対されればされるほど、愛が深まると勘違いしてしまう

13 助けた人を好きになる？ …… 240
「好きだから助けた」と自分を納得させる認知的不協和理論

14 スリルを共有すると恋に落ちる？ …… 242
異性に対するドキドキ感と勘違いする錯誤帰属

15 ストーカーをする心理 …… 244
自己愛性パーソナリティ障害、反社会性パーソナリティ障害がある

16 「草食系男子」「だめんず」にハマる女 …… 246
気楽に付き合える草食系、なぜか別れられないダメ男

さくいん …… 252〜255

使える！　他人の心理

心理学トリビア

心理学
psychology

他人の心理を読み解く心理学

心理学は、言語、歴史、文化、技術などすべてのものと心の関係を考え、人の心理を読み解く学問です。人の心理を推測するとき、専門化・細分化したさまざまな分野の心理学が応用されます。

基礎心理学
Basic Psychology

- 心理学の一般法則を研究
- 人間集団に焦点を当てる
- 研究方法は実験が中心

発達心理学

（乳幼児心理学
児童心理学
青年心理学
老年心理学）

知覚心理学

社会心理学

学習心理学

（行動分析）

認知心理学

（思考心理学）

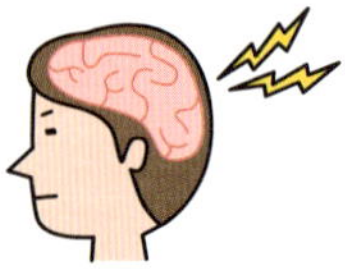

言語心理学

異常心理学

人格心理学

生態心理学

数理心理学

計量心理学

応用心理学

Applied Psychology

- 基礎心理学で得た法則や知識を実際の問題に役立てる
- 人間個人に焦点を当てる

学校心理学	教育心理学	臨床心理学（カウンセリングなど）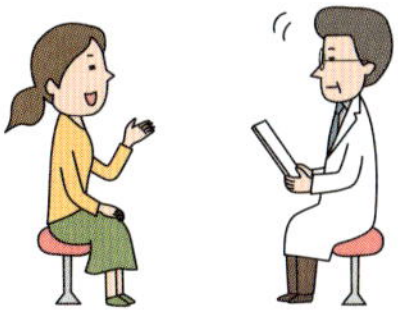
産業心理学（組織心理学）	犯罪心理学	
	コミュニティ心理学	法廷心理学
環境心理学	災害心理学	家族心理学
健康心理学	スポーツ心理学	交通心理学
宗教心理学	芸術心理学	性心理学
経済心理学	政治心理学	歴史心理学
空間心理学	民族心理学	軍事心理学

他人の心理はこんなところから読みとれる！

「どうしてあの人はあのような行動をするのだろう」と他人を見て思いますが、人は自分では意識されない心（無意識）の働きによって行動することが多いのです。私たちはその無意識をのぞき込むために、その人のからだに現れるさまざまな動きや情報を観察し、そこから隠された心を知る手がかりを探します。

しぐさ

手や腕、足にも表情・心が現れる。その動かし方に注目する。

表情

表情や笑い方でその人の感情や深層心理を読み取る。

視線

「目は口ほどにものを言う」というように、目から深層心理を推し量る。

ファッション

好みの色やヘアスタイル、ファッションなどから性格や嗜好、心理を推測する。

行動パターン

運転すると態度が豹変したり、いつもドアの近くに座りたがるなどといった行動パターンから心理を読む。

口癖

無意識のうちに出てしまう口癖から深層心理や性格を推測する。

PART 1

気持ちやタイプからわかる心理

01

他人を責める

フラストレーション（欲求不満）を外にぶつけるタイプ

フラストレーションの解消方法

あなたの周囲にも、**何かと他人を責める人**が1人や2人はいるのではないでしょうか。

例えば、その人が仕事でミスをしたとしましょう。自分の非を棚に上げて、「上司の指示が悪かったからだ」「同僚の○○の仕事が遅く、そのしわ寄せでこちらに回ってきたせいだ」「取引先の連絡漏れがあったからだ」というように、自分以外の誰かを攻撃して文句を言う。反省の弁は一切なく、自分の正当性を声高に主張するのです。下手に関わると、とばっちりを食うので、部外者は当たらずさわらずということも多いでしょう。

心理学では、**フラストレーション***（欲求不満）**の解消のしかた**によって、先に挙げた例のように、人を3種類にタイプ分けすることができます。フラストレーションを外にぶつけるのが**外罰型**、反対に、「失敗は自分のミスだ」「自分の努力が足りなかったからだ」と自分自身にぶつけるのが**内罰型**。さらに、外にも内にもぶつけることがなく、「しかたがない」と割り切ってしまうのが**無罰型**です。

うつを発症しがちな内罰型

先の例では、仕事での失敗というフラストレーションを、上司や同僚、つまり自分以外にぶつけている、典型的な**外罰型**といえるでしょう。こういう人は、家庭内でも、ほかの家族に責任転嫁して、怒りをまき散らしていることが

＊**フラストレーション**　欲求の実現が阻止され、満足できない状態。また、その結果生じる不快な感情、緊張、不満などを指す。

多いものです。本人には、ストレスが溜まりませんが、周りにとってはとんだ迷惑。怒りっぽい、**無責任な人**だと思われたりします。

一方、**内罰型**は、**謙虚で責任感の強い人**と高評価を得るものの、**本人はストレスを抱え込む**ことになります。**うつを発症する傾向が高い**のもこのタイプです。**無罰型**は、社会の中で生きていくには一番無難なタイプといえますが、問題点を突き詰めて考えることがなく、**あいまいなままにしておくため**に、**同じような失敗を繰り返す**ことになります。

自分自身の反応傾向を知る

結局、どのタイプがよいといったものではないのです。自分の反応傾向も、相手によって外罰型になったり、内罰型になったり、複雑に変化するので一概に論じることはできません。

ただ、反応傾向を知ることで、どうすれば生きやすいかを探ることはできます。自分の言動を振り返ったとき、どちらかというと外罰的反応が強いと感じれば、他者ばかりを責める傾向を改めればいいでしょう。あるいは、内罰的反応や、無罰的反応が強いと感じたら、それ以外の反応についても意識してみればよいのです。

心理学トリビア　トラブルの原因をどこに求める?

「外罰型」「内罰型」「無罰型」という分類とよく似たものに、「帰属の理論」があります。これは、トラブルや不満の原因をどこに帰属させるかでタイプ分けしたものです。

原因を、自分以外の他者や周囲の状況に求めるのが「外的帰属型」、逆に、自分の態度や能力、性格などに求めるのが「内的帰属型」です。それぞれ、「外罰型」「内罰型」と重なるところがあります。失敗をしても、外的帰属型の人は反省をしないので、同じ過ちを繰り返しがちです。

一方で、内的帰属型の人は、自分の努力不足や能力不足を過剰に反省する傾向にあり、責任を1人で背負いやすく、世渡りが下手で、ストレスを溜めやすくなっています。

02

他人の不幸を喜び、幸福をねたむ

他者との比較で感じる優越感と劣等感

他人の不幸と自分の幸せ

「人の不幸は蜜《みつ》の味」という言葉があります。何とも寒々しい言葉ですが、共感する人が多いからこそ、慣用句として使われるようになったともいえるでしょう。「玉の輿《こし》に乗った同僚が、離婚した」「エリート一家の長男が万引きで補導された」といったうわさを、非道徳的だと思いつつも楽しんでしまう感覚を理解できる人も多いでしょう。「大変ね」「早く立ち直れればいいけれど」と言う同情の言葉も、「いい人と思われたい」という気持ちからくるカモフラージュでしかないこともしばしばあります。

こういった背景には、「あの人たちに比べれば、私は幸せだわ」と**優越感に浸る心理**があります。特に、相手に華々しい過去があればあるほど、「今は私のほうが上」といった意識が働き、勝ったような気分になるのです。これは、常識人であっても、ごく普通にもち得る感情です。学歴や勤め先などをやたらと聞きたがる人にも、それと似た心理があると考えられます。**相手の情報の中から弱点を見つけて優越感に浸りたい**という願望によるものなのです。

人の幸福をねたむのは劣等感の表れ

人は、**他者との比較において、自己の優劣を決めがち**です。また、**自尊感情***が低いほど、その傾向が強くなります。

人の幸せをねたましく思う気持ちも、この理論によって同様に説明することができます。友

＊**自尊感情**　自分自身に対する肯定的な評価感情。自分には価値があり、尊重されるべき人間だと思う感情のこと。

人の結婚の知らせを聞き、「○○は美人でスタイルもよくて、そのうえエリートのご主人までつかまえていいなあ。それに引き換え、私はブスだし、彼もいないし……」と卑屈になったり、あるいは同僚の出世を知って、「あいつなんか調子がいいだけのやつじゃないか。それを見抜けない上司はバカだ」と腹を立てたり。

これも、他者と比べて自分が劣るように思え、劣等感が刺激された結果の反応なのです。

こうした感情から自由になるには、自尊感情を高め、他者との比較で一喜一憂しないことが大切です。

劣等感から自由になるためには

人は他者との比較で優越感や劣等感を覚えます。自分よりも不幸そうな人を見ると優越感を、幸せそうな人を見ると劣等感を感じます。

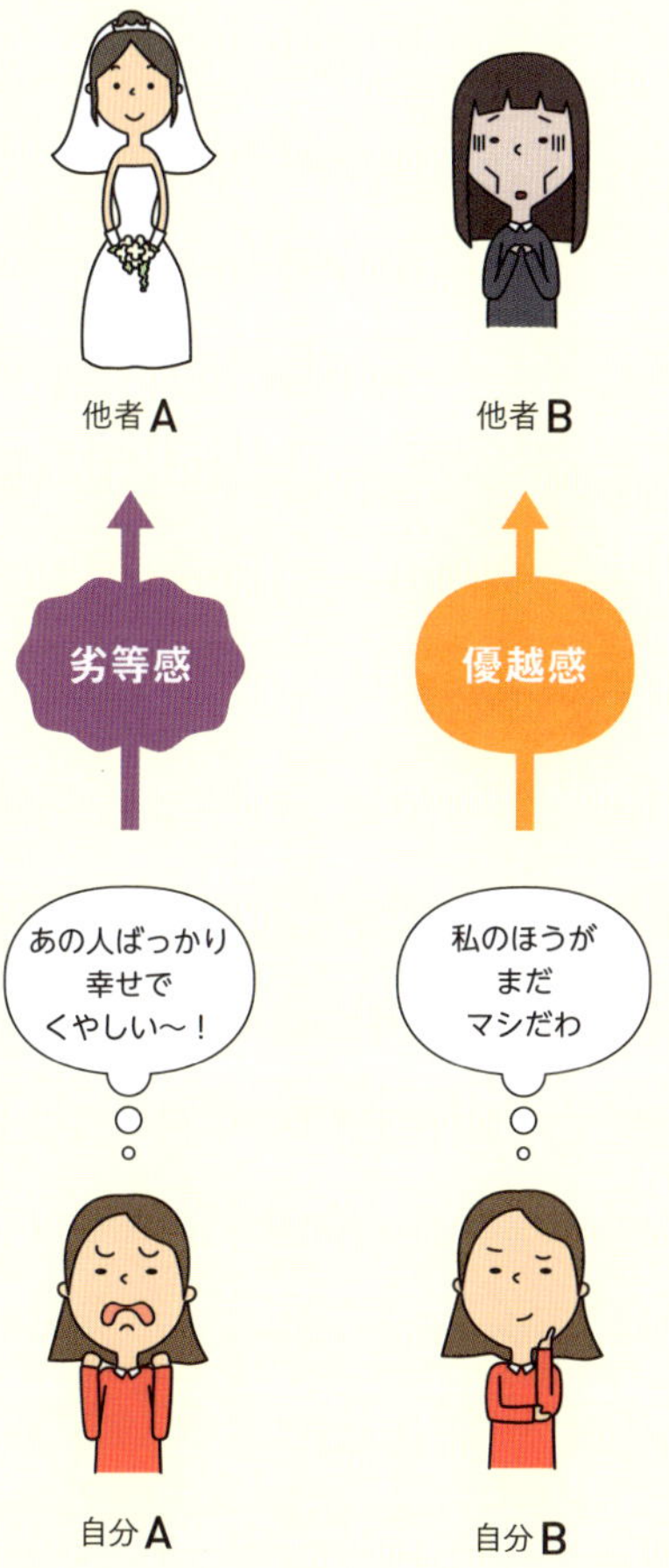

他者との比較によらなくとも自分自身を認める（自尊感情を高める）ことができるようになれば劣等感から自由になれる。

03

人をバカにする、誹謗中傷する

相手の価値を引き下げ、同じ立場に立とうとする

コンプレックスにはプラス面もある

誰しも、他者と比較して自分が劣るように感じられ、落胆することがあるでしょう。**コンプレックス***は、**人間のごく自然な感情の1つ**であり、多くの人が日々コンプレックスに悩んでいます。

つらく苦しい感情ですが、それがあるがゆえに、人は成長するというのも事実です。「○○には負けたくない」という気持ちが原動力となり、大きな成果を成し遂げることができます。また、コンプレックスが架け橋となって、人と人が心を開いてつながり合えるという面もあります。ですから、コンプレックスは必ずしも常にマイナスに働くというわけではありません。

劣等感情を消したいために人を批判する

ただ、あまりにもコンプレックスが強いと、極度に自信をなくしたり、無気力になったりします。また、健全なコミュニケーションを妨げる原因になることもあります。その1つに**「引き下げの心理」**があります。自分よりも優れている相手に接したとき、自分自身の**劣等感情**を消すために、相手の価値を引き下げることで同じ立場に立とうとする意識が働くことです。

例えば、同僚のAが、上司から企画書の内容をほめられたとしましょう。それを聞き、「フン。あんなもの、どこにでもありそうなアイデアじゃないか」「Aは要領がいいから、上司にうまく取り入っているのだ」などと、Aさんを

＊**コンプレックス**　本来は、複雑に絡み合った感情のことだが、自分が他者より劣っていると感じることを指すことが多い。劣等感とも訳される。

批判するのがそうです。その心の裏には、Aさんを引き下げることで、自分が劣っていると感じずにすむようにしているのです。

何かにつけ、**人を批判する人**がいますが、実は**コンプレックスがそういった態度を取らせている**ということがよくあります。「弱い犬ほどよく吠《ほ》える」とはよく言ったものです。

しかし、これでは、他者からの信頼は得られませんし、自分自身の成長も期待できません。誰かに対して腹立たしい感情を覚えたら、それは自分のどういった感情から来ているのか、自問する心構えが大切です。

さまざまなコンプレックス

コンプレックスというと、劣等コンプレックスを指すことが多いのですが、それ以外にもさまざまな種類があります。

マザー・コンプレックス

成人した男性が母親との間に年齢にそぐわない依存関係をもち続けていて、そのことに疑問や葛藤を感じていない状態。

白雪姫コンプレックス

母親がいけないとわかりながら子どもに虐待を加え、その葛藤に苦しむこと。

カイン・コンプレックス

きょうだい間での葛藤や相克《そうこく》。『旧約聖書』創世記第4章に出てくるカインとアベル兄弟の物語にちなんでつけられた。弟アベルに嫉妬した兄カインは、アベルを殺してしまい、神によってエデンの東に追放されてしまう。

オナリ・コンプレックス

異性のきょうだいに抑圧された性愛感情を抱くこと。オナリとは沖縄の方言で「姉妹」の意味。

ロリータ・コンプレックス

中高年の男性が、少女に対して抑圧された性愛感情を抱くこと。ロシア人作家ウラジーミル・ナボコフの小説『ロリータ』にちなんでつけられた。

シンデレラ・コンプレックス

女性が男性に対して、助けてもらいたい、守ってほしいと思うことで、自立を妨げられている状態。

04

不安が繰り返し心に浮かぶ

小さなことが気になってしまう

不安をより強く長く感じる

外出先で、ふと「家の鍵をかけたかな」と気になってしまうことはないでしょうか。誰しも、意識せずに行った行為について、あとから心配になることはあります。ところが、鍵をかけたか不安になり、何度となく確認を繰り返して外出が遅れる、あるいは外出できなくなるようだと、それは**強迫性障害***かもしれません。

強迫性障害（OCD：Obsessive Compulsive Disorder）は、**不安障害に分類される病気の1つ**です。症状は、不安が繰り返し心の中に浮かび、強い苦痛を起こす**強迫観念**と、その衝動に従って不安を打ち消すために行われる**強迫行為**があります。この2つがそろった状態のときにOCDと診断されます。

普通の人ならば、多少は気になっても、すぐに忘れてしまうような不安が、OCDの場合は繰り返し生じ、それに反応した強迫行為をやめることができません。本人も「こだわりすぎだ」と気づいているのですが、こだわらずにはいられないのです。程度がひどくなると、日常生活に支障をきたし、やがて、**引きこもり**（➡P116）の原因になることもあります。

治療により改善が期待できる

強迫性障害はほかに、誰かを傷つけてしまうのではないかと感じる**加害不安**や、逆に、自分で自分を傷つけてしまうのではないかと感じる**被害不安**、大切なものを誤って捨ててしまうの

* **強迫性障害**　従来、強迫神経症といわれていた精神疾患。強迫観念と強迫行為からなる強迫症状を特徴とする。薬物療法により改善が期待できる。

ではないかと感じる**保存不安**などがあります。

過去に行われた4大陸7か国での調査によると、OCDの人は、人種を問わず全人口の約2%前後いるということがわかっています。原因ははっきり解明されていませんが、脳内の神経伝達物質であるセロトニンが関係するのではないかと考えられています。

近年、OCDの研究が進み、薬物療法などにより日常生活に支障がないレベルまで症状が改善できるようになりました。心当たりがある人は、まず精神科や心療内科を受診することをおすすめします。

強迫性障害の典型例

強迫性障害は、不安が心の中に繰り返し浮かび、それを打ち消すために何らかの行為を行うという不安障害です。よく見られるケースに次のようなものがあります。

加害に対する不安

他者を傷つけてしまうのではないかという過剰な不安。ホームで人を誤って突き落としてしまうのではないかと感じたりする。

不潔に対する不安

汚染に対する不安から、過剰に洗浄を繰り返す。外出先から戻ると、すぐにシャワーを浴び、衣服を全部着替えないと気がすまない人など。

回避

強迫的な状況を引き起こす行動を避けるようになる。鍵をかけたかどうかが不安になる人は引きこもりがちになる。

正確さ・順序への要求

モノの位置が必ず左右対称で、まっすぐに並んでいないと気がすまないなど、モノの配置などにこだわる。

05

お世辞ばかり言う

相手の好意を得るための迎合行動

お世辞を言うのはなぜ？

「いつも人に囲まれていますね。お人柄がいいからでしょう」「お子さんが優秀なのは育て方がいいからですね」。こんな言葉でほめられれば、誰しも悪い気はしません。**ほめてくれた相手を好ましく思う**のは自然な反応です。

このほめ言葉が本心ならば素晴らしいことですが、ただの**ヨイショ***だとしたら、その人は、どんな心理で言っているのでしょうか。

心理学用語に、**迎合行動**というものがあります。**相手の好意を得るための言動**を指し、お世辞を言う、相手の意見に同意するなど、いろいろなものがあります。例えば、「私ってバカだから」と、自分を卑下《ひげ》する発言。バカだというのは単なるポーズであり、**自分を低く見せることで、相手を持ち上げようとする心理**が働いているのです。

もっと身近な例では、「笑顔で接する」ということがあるでしょう。笑顔のない無愛想な人と話していると、「怒っているのかな」と不安になってしまいます。それを避けるための迎合行動が笑顔なのです。

その一方で、過剰な迎合行動が、逆に人を不愉快にさせることもあります。見え透いたお世辞や押し付けがましい親切が、うっとうしく感じられることはないでしょうか。そんなときは、「この人は、私の好意が得たいのだな」と考えてみましょう。やり方が不適切なだけだと思えば、いらだちも収まるかもしれません。

＊**ヨイショ**　相手をおだてて気持ちよくさせるという意味の俗語。もともとは、芸人の楽屋言葉だったが、一般にも普及するようになった。

迎合行動のパターンと組み合わせ

迎合行動にはいくつかのパターンがあり、
複数のパターンの組み合わせがしばしば見られます。

賛　辞

お世辞を言って、相手をいい気分にさせるのは、最もポピュラーな迎合行動。ただし、明らかにウソとわかるようなお世辞は逆効果になる。

卑　下

賛辞の逆で、自分を卑下することで、相手を持ち上げるというやり方。自己評価が低い場合にも、自分を卑下する行為が見られる（➡P40）。

親　切

相手の行動に注意し、何かと気を配る。

同　意

相手の意見に「その通りです」と同調する。同調行動（➡P30）は、仲間意識を生み出すが、何度も繰り返すと、「自分の意見がない人」と思われる。

06

物事の結果は外的要因に左右されると考える

人の言動に流されてしまう

どこか他人任せな人の心理

学生時代を思い出してみてください。あなたは、定期試験などにしっかり準備をして望んだタイプだったでしょうか。あるいはヤマをかけて出たところ勝負のタイプだったでしょうか。

物事の結果は自分次第だと考える人はしっかり勉強するでしょうし、反対に外的要因（運・不運、先生の教え方、問題の難しさなど）に大きく左右されると考える人は、ヤマをかけるほうに熱心かもしれません。心理学では、前者を**内的統制型**、後者を**外的統制型**と呼びます。

外的統制型の人は、外的要因で結果が変わると考えるわけですから、周囲の状況に敏感で、流されやすく、人に左右されやすいという面があります。例えば、ヤマをかけるのでも、自分で考えてそうするのではなく、友人と同じ箇所にかけたりします。

失敗したときも、友人がかけたヤマがはずれたからだとか、先生の教え方が悪いからだといったように自分自身に言い訳ができます。そのため、くよくよ悩むことがなく、一見ストレスが少なそうに見えます。しかし、成功したときについても、同じように外的要因に恵まれたせいだと考えるため、なかなか**自己効力感***がもてず、自分の人生を自分で切り開いていくという自信がもてません。

例に挙げたのは定期試験でしたが、進学や就職など、自分のことなのに、どこか他人任せな人は外的統制型といえます。

＊**自己効力感**　自分の働きかけによって物事に変化が生じたという感覚。カナダの心理学者アルバート・バンデューラが提唱した。

外的統制型と内的統制型のパーソナリティ

物事の結果は、外的要因で変わると考えるタイプが外的統制型、自分次第で変わると考えるタイプが内的統制型です。

外的統制型のパーソナリティ

外的要因で結果が変わると考える。

内的統制型のパーソナリティ

自分の能力や努力によって結果が決まると考える。

07

ほかの人と同じ行動を取りたくなる

流行のものを欲しくなる

流行はなぜ起こるのか

2002年に日韓共催で行われたサッカーのワールドカップ。そのときにイングランド代表で出場したデビッド・ベッカムのヘアスタイル(ソフトモヒカン)が爆発的人気となり、世の男性たちは我も我もと美容院や理髪店へ。街にはベッカムヘアの男性たちがあふれたことがあります。似合う似合わないにかかわらず……。

流行するものの中には、「なぜこんなものが人気なのだろう」と首をかしげたくなるものも多々あります。その背景には、**周囲の人たちと同じ行動を取ろうとする心理**が働いています。これを**同調行動**といいます。「○○というブランドのバッグが売れている」と聞くと、それまで興味もなかったのに、何だか急によさそうに思えて、自分も買ってしまうというのは、同調行動の典型例でしょう。

さまざまな場面で現れる同調行動

同調行動が生じるのは、流行においてだけではありません。「会議の場で、自分では間違っていると思う事柄に対しても、ほかのみんなが賛成していると意見を合わせてしまう」「街中で行列を見ると、とりあえず並んでみたくなる」といった現象も同調行動の一種です。

これまで、日本人は他人を気にする傾向が強く、同調しやすいと思われていましたが、最近の研究により、必ずしもその傾向は日本人だけではないということがわかってきています。

＊**差別化願望**　他者に比べ、自分がよい意味で異なる存在になりたいという願望。一方、同一化願望で、自分が属する集団と同調したいという欲求。

消費行動に見られる心理

同調行動に関連した用語に、「バンドワゴン効果」というものがあります。
これは、「今は○○が流行ですよ」という情報が流れることで、
さらにその流行が加速するという現象です。
ちなみに、バンドワゴンとは、パレードの先頭の楽団が乗った車のことを指します。

バンドワゴン効果

ファッション誌の場合

「今年の流行色は茶色」と特集が組まれると、それを見た人たちが、茶色のコートやブーツを買ってしまう。

マーケティング市場の場合

「多くの人が買っているものは、いいものに違いない」といった思い込みが働く。新商品の売り出しの場合にも、この効果を狙って「若者の間で大人気の○○」といったキャッチコピーが使われることがある。

スノッブ効果

バンドワゴン効果とは逆に、ある商品が流行し大量に流通することで、その商品の価値自体が下がってしまうことを「スノッブ効果」という。他者との*差別化願望をもつ消費者は、限定品などに価値を見出すようになる。

08

ストレスから心筋梗塞や狭心症にかかる確率が高い

競争心が強く、せっかち

心臓疾患になりやすいタイプA

心筋梗塞《しんきんこうそく》や狭心症《きょうしんしょう》などの心臓疾患の原因は、何だと思いますか。もちろん高血圧や肥満が原因になるケースは多いのですが、実は、**タイプA***と呼ばれる性格特性の人が、心筋梗塞や狭心症などにかかる確率が高くなることがわかっています。

タイプAの特徴は、まず、**目的を達成しようとする意欲が高く精力的に活動する**ということが挙げられます。複数の仕事を抱えて時間に追われ、**イライラして短気になりがち**です。他人の評価が気になり、常にプレッシャーを感じています。また、競争意識が強く攻撃的でもあります。仕事熱心で出世街道を進みますが、疾病《しっぺい》のために仕事に支障をきたすことも多く、人生をトータル的に考えたときには、必ずしも成功を収めるわけではないようです。

タイプAの人に心臓疾患が多い理由は、はっきりしていませんが、ストレスとの関係が指摘されています。

ところで、タイプAの正反対の**タイプB**という性格特性もあり、こちらは**マイペースで非攻撃的**。**いつもリラックスしている**タイプです。タイプAの人に比べて、心臓疾患にかかる割合が2分の1になっています。

がんになりやすいタイプCも

最近では、がんになりやすいとされる**タイプC**という性格特性も指摘されています。これは、

＊**タイプA**　1960年代に、アメリカの心臓病学者フリードマンとローゼンマンが規定した、心臓病にかかりやすい性格のこと。

几帳面で真面目、自己犠牲的、我慢強く、物静かで周囲に気を使う、いわゆる「いい子」といわれるタイプです。日本では美徳とされる性格ですが、否定的な感情を表に出せずに押し殺すため、慢性的にストレスが溜まり、ホルモン分泌や自律神経系に影響を与え、自己免疫力が低下すると考えられています。自己免疫力の低下はがんにかかるリスクを高めます。

がんはさまざま要因が複雑に絡み合って発症するため、性格が要因の1つとは言い切れませんが、タイプCの性格はリスクファクターにはなり得るでしょう。

性格特性と身体疾患との関連

精力的に働いていた人が、突然倒れて帰らぬ人に…。こんな話を時折耳にすることがあります。あなたの家族は大丈夫でしょうか。

タイプA

強い目的達成衝動。精力的な活動家。競争心・攻撃性が高い。時間に追われている感じがあり、せかせかと行動する。タイプBの人よりも2倍も心臓疾患にかかりやすい。

タイプB

マイペースで温和。競争心・攻撃性ともに低い。心臓疾患にかかる割合はタイプAの2分の1。

タイプC

物静か。几帳面で真面目。周囲に気をつかう。我慢強く、否定的な感情を表に出さない。タイプCの性格や行動は、がんの発病率を高めるとされる。

※すべての人がタイプA〜Cに分類できるわけではない。

09

ありのままの自分を認めることができない

いつも自分を大きく見せたがる

自分を誇大に主張する

聞かれもしないのに、**自分のことばかり話す**人がいます。その内容はというと、**自慢話**がほとんど。「自分が所属するプロジェクトは、自分なくしては成り立たない」「街を歩いていると、よくタレント事務所にスカウトされる」など、真偽取り混ぜて、自分がいかに優れているか、魅力があるかといったことを主張します。

聞かされるほうはうんざりして話題を変えようとしますが、すぐに話を自分に引き戻し、延々と自慢話を続けるので、お世辞にでも「すごいね」と言わざるを得ません。あなたの周りにも、このような人はいませんか。

自己愛性パーソナリティ障害の人は、**誇大な自己イメージ**をもち、自分は**特別な存在**だと思い込みます。そんな自分は、やはり特別な人たちからしか理解されないと思う一方で、周囲からの賞賛を求め、それが得られないと癇癪《かんしゃく》を起こしたりします。**共感する力に欠け、目的のためには他者を利用する**こともあります。自分のことにしか関心がないため、優秀な他者を認めることができず、尊大に振る舞ったり、激しく嫉妬したりします。ありのままの自分を愛することができず、自分は輝きに満ちた素晴らしい存在でなければならないと思い込み、さまざまな歪《ゆが》みが起こっている状態です。

IQ*が高かったり、ルックスがよかったりして、幼少期から賞賛を浴びていたことが原因になることもあります。

＊**IQ**　知能検査の結果の数値。「生活（実）年齢と精神（知能）年齢の比」を基準としたIQと、「同年齢集団内での位置」を基準としたDIQの2種類。

CHECK LIST

「自己愛性パーソナリティ障害」自己チェック

次のうち5つ以上に当てはまる人は、自己愛性パーソナリティ障害の疑いがあります。

- ☑ 自分は重要な存在であり、優れていると実際以上に感じている。
  例 ●業績や才能を誇張する。
  ●十分な業績がないにも関わらず、優れていると認められることを期待する。
- ☑ 限りない成功、権力、才気、美しさ、あるいは理想的な愛の空想にとらわれている。
- ☑ 自分が特別であり、独特であり、他の特別な、または地位の高い人たち(施設)にしか理解されないと信じている。またはそういった人(施設)と関係があるべきだと信じている。
- ☑ 周囲から過剰な賞賛を求める。
- ☑ 特権意識（特別有利な取り計らい)、または自分の期待に誰でも従うことを理由なく期待する。
- ☑ 対人関係で相手を不当に利用する（自分自身の目的を達成するために他人を利用する)。
- ☑ 他人の気持ちや欲求を認識しようとしない。またはそれに気づこうとしない(共感の欠如)。
- ☑ しばしば他人に嫉妬する。または他人が自分に嫉妬していると思い込む。
- ☑ 尊大で傲慢《ごうまん》な行動や態度がある。

アメリカ精神医学会発表の「精神障害の分類と診断の手引き」(DSM-5)を改編

10

いつも誰かと一緒にいたい

親和欲求が強すぎると、人一倍不安や孤独を感じる

自然な欲求である親和欲求

いつも徒党を組んで、誰かと一緒にいたがる人がいます。男性よりも女性に多く見られます。例えば、学生時代であれば、仲よしグループが常に一緒に行動します。果ては、トイレまで一緒に行くこともあります。就職してからも、グループでランチやアフターファイブを共にし、母親になってからはママ友グループでうわさ話…。このように、いつも誰かと一緒にいたがる人たちを、心理学的には、**「親和欲求が高い」**と言うことができます。

親和欲求とは、**誰かと一緒にいたいという気持ち**です。友人や恋人が欲しいと思う気持ちも親和欲求です。人間は社会的な動物ですから、それは極めて自然な欲求ですが、個人差が大きく、男性よりも女性が、また＊長子《ちょうし》、一人っ子、社交的な人は、その傾向が高くなります。

また、**不安なときや恐怖を感じたときにも親和欲求は強くなります**。2011年に起きた東日本大震災のあとでは、結婚相談サービスへの申し込みが急増したといいます。普段の生活では一人が気楽と思う人も、震災を機に、誰かと一緒にいたいと感じたのではないでしょうか。

親和欲求がマイナスに作用するとき

親和欲求が高い人は、**社交的で協調性があり、場を和やかにするという長所がありますが、ビジネスの場ではマイナスに作用**することもあります。例えば、親和欲求が高い人が管理職にな

＊**長子**　最初の子ども。男女に関わらず長子であるが、一般的には男子に使われることが多い。反対に末っ子を「末子《まっし》」という。

ると、部下を能力よりも自分との親しさで判断しがちです。その結果、複数の部下を公平に扱えなかったり、あるいは、親しい部下の非を指摘することができなかったりということが起こり得ます。

また、**親和欲求が強すぎると、それが満たされないときに、人一倍、不安や孤独を感じる**ことになります。恋人と別れたあと、その寂しさから、つまらない相手に走ってしまうのも、親和欲求の強いタイプです。自分自身を振り返り、思い当たる節がある人は、それを自覚しているだけでも、行動が違ってくるでしょう。

親和欲求の高い人の特徴

親和欲求とは、誰かと一緒にいたいという気持ちです。人として、ごく自然な欲求ですが、これがあまりにも高いと、自立した行動が取れなくなり、問題を生じるようになります。

- 電話をかけたり、手紙を書いたりするのが好き。
- 友好的な状況では、相手とよく視線を交わす。
- 他人の承認を求めることが多い。
- 自分と意見の違う人に強い拒否反応を示す。
- 他人から評価を受ける局面では不安になりやすい。
- 才能のある人より、親しくなれそうな人を好む。

※日本人においては、家族よりも、友人との親和欲求が高いという特徴がある。

11

争いごとを避けたい

行きすぎるとコミュニケーション不全の関係をつくり出す

現代人のコミュニケーション不全

争いごとが大好きという人はいないでしょう。ほとんどの人は、平和に穏やかに過ごすことを望んでいるはずです。しかし、その気持ちが強すぎれば、**健全なコミュニケーションに必要な衝突**すらも避けて通るようになってしまいます。その結果、**コミュニケーション不全の関係**ができ上がってしまうのです。現代では、他者間はもちろん、夫婦間や、親子間ですら、こうした関係が見られます。

ここで、ドイツの哲学者**ショーペンハウエル**[*]の寓話《ぐうわ》をご紹介しましょう。寒い冬の日、少しでも暖まろうと身を寄せ合った2匹のヤマアラシがいました。しかし、あまり近づきすぎるとお互いの体のトゲが相手を傷つけ、離れすぎると寒さが身にしみます。試行錯誤の末、2匹は傷つかずに暖め合える距離を発見した、という話です。アメリカの精神分析医ベラックは、これを**ヤマアラシ・ジレンマ**[*]と名づけました。現代人の人間関係を考えるとき、たいへん示唆に富む内容となっています。

試行錯誤によって得られる適度な距離

現代では多くの人が、コミュニケーションを取りたい気持ちと、対立して傷つきたくないという気持ちとの板挟みになって、他者との距離をうまく取れなくなっています。そのために、フラストレーションが溜まっていき、やがて暴力行為に至ることもあります。そのような事態

＊**ショーペンハウエル**　アルトゥル・ショーペンハウアー。1788〜1860。ドイツの哲学者。森鷗外、堀辰雄、萩原朔太郎などに影響を与えた。

が招いた殺傷事件はもはや珍しくありません。
誰かとの関係を考えたとき、このヤマアラシ・ジレンマに陥っていると感じたら、思い切って人間関係に踏み込んでみるのも1つの手でしょう。それによって衝突が生じるかもしれませんが、コミュニケーションを取るためには必要なことです。

ヤマアラシたちも試行錯誤して傷つきながら、適度な距離を見つけました。「傷を負わずして健全なコミュニケーションを取ることは難しい」ということを知っていれば、対人関係が今より改善するかもしれません。

ヤマアラシ・ジレンマ

時に衝突しながらもコミュニケーションを図ろうとする意識が大切です。

1 寒い冬の日、2匹のヤマアラシは、少しでも暖まろうと身を寄せ合う。

寒い〜

2 お互いのトゲが相手を傷つける。

イテテ
ウッ

3 離れると、寒さが身にしみる。

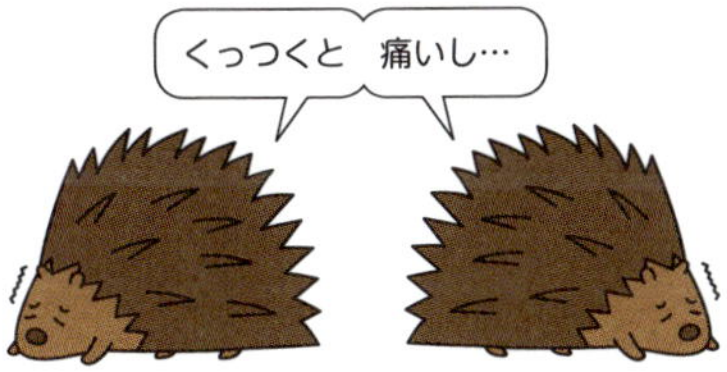
くっつくと
痛いし…

4 試行錯誤の末、ほどよい距離を見つけた。

ちょうどいいね

＊**ジレンマ**　相反する2つの事柄の板挟みになること。2つの選択肢が、共に受け入れがたく、身動きできない状態。3つある場合はトリレンマという。

12

自分を必要以上に卑下する

相手を持ち上げて好意を得ようとする迎合行動

「私、バカだから」の言葉の裏側

「私、バカだから」などと、**何かにつけて自分を卑下する人**がいます。本気でそう思っているわけではないことも多く、単なるポーズのこともあります。**あえて自分を卑下することで相手を持ち上げて、好意を得ようとしている**のです（**迎合行動**➡P26）。実際に、女性に「私、バカだから」と甘え声で言われ、「しょうがないな。俺がついていてやらなくちゃ」と思ってしまう男性も多いのではないでしょうか。

あるいは、あらかじめそう宣言してしまうことで、「バカなやつ」と思われたときに傷つかないよう、**予防線**を張っているということもあります。

過剰に自分を卑下するのは、「そんなことないよ」という**否定の言葉を期待している**場合もしばしばあります。自分に自信がなく、また他人にもそうそうほめられることがないという人（自己評価*が低い人）は、**自尊心をなぐさめる**ために、あえて自分をおとしめ、それを否定してもらうという方法を取るのです。周囲の人は、毎度聞かされる自虐《じぎゃく》的な言葉に、少々うんざりしていることもあるかもしれません。

いずれにしろ、こうした人たちは、自分が他人からどのように見られているかについて、とても敏感だということがいえるでしょう。

自己評価を高めるためには

フランスの精神科医クリストフ・アンドレに

*＊***自己評価**　自分自身の、自分への評価。反対語は他者評価。肯定的な自己評価を、「自信」ということもある。

よると、**「ほかの人からどう見られていると思うか」は、自己評価に関わる重要なファクター**[*]であるそうです。

例えば、あなたがプロジェクトのリーダーになったとしましょう。それについて、「みんなに信頼されるリーダーになろう」と肯定的に感じる人もあれば、「みんな、自分がリーダーになることを不満に思っているのではないか」と不安に感じる人もいます。

事柄の受け取り方は、その人の自己評価次第です。自己評価が高い人は、厳しい状況にあっても、自分を信じて行動することができます。逆に、自己評価が低いと、後ろ向きな考え方をしがちで、その結果、プロジェクトは失敗、ますます自己評価が下がるという悪循環に陥ることもあります。

もし、自己評価が低いことで、生活の質が低下していると感じるなら、自己評価を高めるトレーニングが有用です。

実際は、他人はあなたが思うほどにあなたのことは考えていないものです。他者との比較に左右されず、自分だけの達成感や満足感、楽しみを追求することが自己評価を高めることになるのです。

心理学トリビア　低すぎる自己評価は、うつ病の恐れが

「自己評価が低い」ということは性格の特徴にしかすぎません。しかし、自己評価が低く、自分を否定する気持ちが強い人は、その状況を改善する気力がないため、抑うつ状態になり、うつ病を引き起こすこともしばしばあります。また、自己評価が低い人ほどうつ病の程度も重症になり、回復しにくくなってきます。逆に自己評価が高くても、それを維持するために絶えず努力している人も、ちょっとした失敗などから失意になり、うつ病になることがあります。

一方で、大変まぎらわしいのですが、うつ病の症状の1つにも「自己評価の低さ」があります。元来、自己評価が高かった人も、うつ病になると自己評価が低くなります。

13 何でも人に頼ってしまう

愛情と保護を求め、過剰に従属的になる

「頼りにしている他者に見捨てられたらどうしよう」と常に不安を感じているため、彼らに逆らうような自分の意見や価値観*を主張することは、まずありません。**自分の欲求よりも他者の欲求を優先**し、たとえそれが嫌なことであっても進んでやろうとします。また、「あなたは一人でも大丈夫」と思われるのが怖く、能力を伸ばそうとする努力をしなくなります。受動的で無力な態度を取ることで、「守ってやるべき存在」としての自分をアピールし、愛情と保護を得ようとします。

他人は自分より能力があると信じ、「自分では決められない」「何をしたらよいかわからない」という発言が目立ちます。**自分の人生に対する主体的責任から逃れようとしている**のです。

「自分では決められない」が口癖

2016年に選挙権年齢が20歳以上から18歳以上に引き下げられました。こうした社会の趨勢とは裏腹に、子どもの就職や転職、結婚生活にまで親が口を出すことも今は珍しくありません。子が親に依存しているのか、親が子に依存しているのかは判断の難しいところですが、ひときわ依存心が強く病的なレベルになると、**依存性パーソナリティ障害**が疑われます。

依存性パーソナリティ障害の人は、自分の適応力や精神力に自信がなく、「一人では、この過酷な世界で生きていけない」という強い思い込みがあり、**親密な他者（母親や配偶者、恋人など）との依存関係にしがみつきます**。

＊**価値観**　何が大事で何が大事でないかという判断。物事の順位づけ。重みづけ。行動を決定づける大きな要素の１つ。

CHECK LIST

「依存性パーソナリティ障害」自己チェック

次のうち5つ以上に当てはまる人は、依存性パーソナリティ障害の疑いがあります。

- 日常の些細なことでも、他人からあり余るほどの助言と保証がなければ決断できない。
- 自分の生活のほとんどの領域で、他人に責任を取ってもらいたがる。
- 他人の支持、または信頼を失うことを恐れて、他人の意見に反対を表明することができない。
- 自分の判断や能力に自信がないため、自分で計画を立てたり物事を決めたりできない。
- 他人から愛情や支持を得るために、自分が不快に思うことでもやってしまうことがある。
- 自分で自分のことができないという強い恐怖や無力感を感じている。
- 親密な関係が終わったときに、自分を世話して支えてくれる新たな関係を必死で求める。
- 自分が世話をされずに放っておかれるという恐怖に、非現実的なまでにとらわれている。

アメリカ精神医学会発表の「精神障害の分類と診断の手引き」(DSM-IV)を改編

親の過干渉が子どもをダメにする

この人格障害は比較的女性に多く、**親の過干渉が原因**と考えられています。子どもが自立しようとすると親がそれを非難し、従順だと溺愛《できあい》するという生育環境が、子どもの自立心をダメにしてしまうのです。

アメリカにおける疫学的調査*では、依存性パーソナリティ障害の発症率は人口の約1～2％程度と見られています。しかし、日本においては、思春期以降も母子密着が続くため、それよりも高い発症率が推測されます。

＊**疫学**　集団を対象とし、疾病《しっぺい》やけがなどの発生原因や分布、推移などを調べる学問。伝染病の研究から始まり、最近では公害や災害などの問題も対象とする。

14

破壊者と改革者の二面性をもつ

規則を守らず、周囲と調和が取れない

いたずらが大好きな問題児

クラスに1人は、いわゆる**問題児**といわれる子どもがいるものです。先生の指示を守らず、秩序を破り、いたずらが大好き。悪賢く、人をワナにはめることもある。そのくせ、自分がかけたワナに自分がかかるようなドジを踏んだりもする。茶目っ気があり、新しい遊びをつくり出す才能もある、憎めない存在。

こうした性格を、**トリックスター**という観点から見てみましょう。

トリックスターとは、**神話や昔話の中で、神や自然界の秩序を破り、物語をひっかき回すいたずら者として描かれている人物の総称**です。

スイスの心理学者ユングも、著書『元型論』でトリックスターを**元型**《げんけい》*（**アーキタイプ**）の1つとしてとらえ、**超個人的性格類型**と述べています。文化的な約束事を破り、無秩序の精神と境界を無視する精神をもつ人物です。日本人に馴染みが深いところでは、吉四六《きっちょむ》*や孫悟空《そんごくう》が挙げられるでしょうか。ほかに、ケルト神話のパック、ギリシャ神話のプロメテウス、北欧神話のロキなど、枚挙にいとまがありません。

トリックスターは、**秩序を壊す一方で、新しい文化をつくり出すという二面性**があります。芸術家には、トリックスターの特徴を備えた人が多く見られます。

規律を破る困った人物でありながら、それが苦しい現状を打破することもあるため、周囲の評価が分かれる傾向にあります。

＊**元型（アーキタイプ）**　人間が生まれながらにして共通してもつタイプ。母親、父親、シャドウ（影）、アニマ／アニムス、トリックスターなどがある。

とんちの吉四六話

とんち話で有名な吉四六《きっちょむ》さんは、知恵があって、かつひょうきんな人柄。いわゆるトリックスターです。吉四六話のうちの有名なもの紹介します。

天昇り

田の代《しろ》かきをするのが億劫《おっくう》でしかたがない吉四六さん。代かきを楽に行う方法はないかと考えたところ、はたと名案がひらめきました。田んぼの真ん中に高いはしごを立てた吉四六さんは、町の衆《しゅう》に、「天に昇ってくる」と言い回ります。

天昇り当日、吉四六さんがはしごを登り出すと、集まった町の衆は「危ない危ない」と言いながら、田んぼの中で右往左往しました。吉四六さんが、はしごの上でふらついてみせると、ますます右往左往します。

しばらくそうしたあと、吉四六さんは、「みながそんなに危ないと言うなら、天昇りはやめじゃ」とはしごを降りてきました。

さあ、どうなったかというと、町の衆が右往左往してくれたおかげで、田んぼは程よく代かきが行われていました。「これで田植えができるぞ」と、吉四六さんは喜んだとさ。

柿の見張り番

吉四六さんが子どものころのこと。吉四六さんの家の柿がたわわに実りました。

親は盗まれないように、吉四六さんに柿の木を見ているように言いつけましたが、吉四六さん自身も食べたくてしょうがありません。おまけに村の友人がやってきて、柿を食べようと吉四六さんをけしかけるものだから、一緒になって柿を全部平らげてしまいました。

畑仕事から戻ってきた親は、「柿の木を見ていなかったのか」と吉四六さんを叱りつけます。ところが、吉四六さんは、「柿の実は友だちがもいでいってしまったが、柿の木のほうは、言いつけどおり、ずっと見ていました」と、しゃあしゃあと答えたのでした。

トリックスターは、現実生活においては「困った人」になる場面も多いが、マンガや映画のキャラクターとしては魅力がある。『ゲゲゲの鬼太郎』のねずみ男や、『スター・ウォーズ』のジャー・ジャー・ビンクスも典型的なトリックスターといえるだろう。

＊**吉四六**　実在する歴史上の人物で、本名は廣田吉右衛門《ひろたきちえもん》といわれる。豊後国《ぶんごのくに》（現・大分県）の生まれで、一休、彦一《ひこいち》と並んで知られるとんち者。吉四六話というとんち話が200近くもある。

15 常に注目の的でいたい

過度に自分をアピールし、気を引こうとする

自分をアピールせずにはいられない

あなたの周囲に、男性の気を引くことばかりを考えているように見える女性はいませんか。もちろん、特定の男性に気があるというなら別ですが、複数の男性を相手に、誘惑的な態度を取っているとなると、その人は**演技性パーソナリティ障害***かもしれません。これは、役者が演技をするかのごとく、周囲に対して過度に自分をアピールするという人格障害です。9対1の割合で女性に多く見られます。

自分が常に注目の的になっていないと気がすまず、それがかなわないと、途端に周囲の人たちの悪口を言ったりするなど、攻撃的態度に反転します。また、**外向性ばかりが強く、アイデンティティがしっかり確立されていない**ため、他人の影響を受けやすいという面もあります。

セクシャリティを強調する態度は、男性には魅力的に映りますが、話をしてみるとまるで内容がなく、**「退屈な人」といった評価をされる**こともあるようです。大げさな感情表現で周囲の人たちを疲れさせることも多く、女性ばかりか男性からもうっとうしく思われがちです。

本人が悩んで受診することはない

演技性パーソナリティ障害になると結婚詐欺などの犯罪につながる恐れも出てきます。しかし、これは生まれもった性格ともいえるもので、薬や手術で治せるものではありません。

気分の落ち込みがひどいときは抗うつ薬、不

* **パーソナリティ障害**　一般的な成人に比較し、偏った考えをもっていたり、極端な行為を行ったりするため、社会に適応しにくくなっている精神状態。

安感が強いときには抗不安薬などと状況に応じて薬が処方されることがありますが、薬物療法が必要かどうかは個人差があります。また、本人は問題意識をもっていないので、自ら悩んで受診することもありません。

演技性パーソナリティ障害の人は、**他人と比較されたり、差別されたりといった生育歴をもつことが多く、「見放されたくない」「守ってほしい」**という気持ちが過度のアピールを生むようです。これを踏まえて、その人の中にある長所を見つけてほめることで何らかの効果が期待できるかもしれません。

CHECK LIST

「演技性パーソナリティ障害」自己チェック

次のうち5つ以上に当てはまる人は、演技性パーソナリティ障害の疑いがあります。

- ☐ 自分が注目の的になっていない状況では楽しくない。
- ☐ 過剰なほどに性的で誘惑的な、または挑発的な行動を取る。
- ☐ 興奮しがちで、感情表現がたびたび変わる。
- ☐ 自分への関心を引くために、絶えず身体的外見の魅力を利用する。
- ☐ 芝居のセリフのように、オーバーで印象的な話し方をするが、内容があまりない。
- ☐ 悲劇のヒロインを演じたり、幼児がかった振る舞いをしたりする。
- ☐ 他人や周りの環境からの影響を受けやすい。
- ☐ 実際には大して親しくないのに、さも親しいかのような馴れ馴れしい態度を取る。

アメリカ精神医学会発表の「精神障害の分類と診断の手引き」(DSM-5)を改編

16

「誰かがやるからいい」と考える

集団行動になると、無意識のうちに手抜きをする

いいます。集団が大きくなればなるほど、「ほかの誰かがやるからいい」と考えて、1人が発揮する力は弱くなるのです。これを、**社会的手抜き**、あるいは**リンゲルマン効果***といいます。

例えば、重い荷物を2人で運ぶとき、どちらかが手を抜けば、もう1人に負荷がかかりすぎてバランスを崩してしまいます。それが無意識のうちに理解できているので、お互いに頑張って荷物を運びます。

ところが、10人で運ぶとなると、自分以外に9人もいるのだから、「自分が頑張らなくても何とかなるだろう」という計算が働きます。年末の大掃除のときなど、ワイワイ騒ぐだけで大して働いていないという人は、こうした計算を無意識的にしているのでしょう。「みんなで力

集団が大きくなるほど手抜きをする

大人数が集まる会議で、発言する人はいつも決まって同じ人、ということはないでしょうか。黙ってうつむいている人に意見がないわけではありません。そういう人たちの中には、少人数でのミーティングのときには活発に意見を戦わせる人も多くいます。

では、なぜ**大人数を前にすると無口になってしまう**のでしょう。「注目されたくない」という気持ちもあるでしょう。また、「ほかの誰かが発言するだろうからいいや」という心理が働いていると見ることもできます。

人は、**集団行動や共同作業をするとき、無意識のうちに手抜きをしてしまう**ことがわかって

＊**リンゲルマン効果**　約100年前に、ドイツの心理学者マクシミリアン・リンゲルマンが発見したことにより、この名がついた。

を合わせて頑張ろう」などとよく言いますが、皮肉なことに、実際には大人数になるほど作業効率は下がっているのです。

責任の所在を明確にする

こうした事態を防ぐには、**グループを少人数にして責任の所在を明確にする**必要があります。

例えば、2人グループであれば、そうそう手抜きはできません。自分がやらなければ、もう1人にばれてしまうからです。2名ごとに担当部門を課し、責任をもたせれば、効率よく作業を進めることができます。

実験

リンゲルマンが行った実験

実験方法

何人かのグループでロープを引っ張り、1人で引っ張るときと比べて、力の入れ加減がどう変わるかを調べました。1人で引っ張ったときの力を100%とすると、以下のように変化しました。

引っ張った人数	力
1人	100%
2人	93%
3人	85%
⋮	⋮
8人	49%

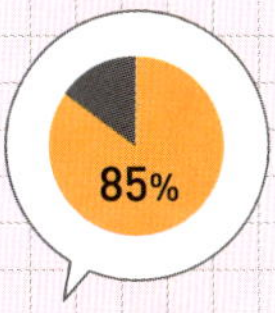

結果

- グループの人数が増えるほど、1人のメンバーが出す力は弱くなり、8人では1人のときの半分の力も出していないことがわかった。
- ロープを引く代わりに、グループで「大声を出す」とか「大きな音をさせて拍手する」といった行動をさせた実験もある。結果はほとんど同じようなもので、グループの人数が増えるほど、1人のメンバーが出す力や音は小さくなった。

17 みんなに好かれる

弱みを見せると親密度が上がる

自己開示をすると好感をもたれる

あなたの周囲にいる人気者。その人気の理由は何でしょうか。明るいから、面倒見がいいから、面白いから、いろいろな理由があるでしょう。その人自身は地味で目立たないタイプなのに、なぜか、いつの間にか人の輪の中心にいるということもあるかもしれません。

心理学に**自己開示***という用語があります。自分の意見、趣味、家族、仕事、性格、身体的特性などについて、**弱みも含めて正直に話をすること**を指します。

自己開示をすると、相手に好感をもたれるとともに、相手も自己開示をしようとする意識が働きます。これを、**「自己開示の返報性」**といいます。簡単な言葉で言えば、「相手の心を開かせたかったら、まず自分が心を開こう」ということです。

ところが、知り合ったばかりの人に深刻な悩みを打ち明けても引かれてしまいますから、**お互いの距離感に応じた自己開示**をすることが重要になります。この距離感を測りかねて、簡単な方法、つまり心を閉ざして話さないほうを選んでいると、「いつも孤立しがちな人」「対人関係が苦手な人」というイメージを与えてしまいます。まずは、自分の趣味や家族構成などから始め、そこから少しずつ開示する内容を深めていきましょう。

また、自己開示は、**自己開示をした側にも、相手に対する好感が湧く**ことが確認されていま

＊**自己開示**　自分の感情や経験などを、言葉で他者に伝えること。一般的に、男性よりも女性のほうが得意といわれている。

カップルができるまで

他人同士が親しくなるためには、お互いの自己開示が欠かせません。弱みを見せることで、2人の距離が縮まるという感覚は誰でも一度は経験があるでしょう。

1 自分のプライベートな情報を、弱い部分や知られたくない部分も含めて打ち明ける。（自己開示）

2 相手が「信頼してくれている」と感じて好感をもってくれる。

3 相手も自己開示をしてくれる。（自己開示の返報性）

4 さらに親密になっていく。

す。打ち明け話を聞いてもらうと、自分の弱みを受け止めてもらえたような気持ちになり、その人に親近感を感じることはありませんか。つまり、自分自身が自己開示をすることはもちろん、自己開示を促すようなタイプは、人から好かれやすいということがいえるでしょう。

別段、難しいことではありません。人の話をよく聞くことができる。それだけでその人自身には際立った能力がなくとも、自然に人が集まるようになります。あなたの周りにも、こんなタイプの人気者が、1人や2人はいるのではないでしょうか。

18

狭い場所にいると落ち着く

胎内記憶と、子宮への郷愁

胎児期を懐かしがっている？

あなたの最初の記憶は何でしょうか。母親に叱られたことでしょうか。迷子になったことでしょうか。人にもよりますが、最も古い記憶は3歳前後のものが多いようです。それより前となると、覚えていないことがほとんどでしょう。ところが、一部の人たちは、胎児期や出産時のことを忘れずに記憶しているというのです。こうした**「胎内記憶」**をもつという人たちがテレビ番組で、そのころのことを「暗くて暖かかった」などと答えているのを目にした方もいるかもしれません。

このように意識的に覚えているかどうかはともかく、**人には胎児期の記憶があり、普段は無意識の領域に収められているはずのその記憶が、時折、子宮への郷愁《きょうしゅう》という形で現れる**とする説が**「胎内回帰願望」**です。

そして、子宮を連想させるような、狭く暗く暖かい場所を好む傾向を、この胎内回帰願望と関連づけて説明することもあります。例えば、幼児が毛布にくるまっていると安心できたり、押入れや家具のすき間といった狭いところで遊びたがるという心理を、胎内にいた時代を懐かしがっているととらえるわけです。

胎内回帰願望については、実証されている（**エビデンス***がある）ものではありませんが、いずれにしろ、狭くて暗い場所にこもりたがるのは、一般的に見ても、それほど珍しい嗜好《しこう》ではないということがいえるでしょう。

＊**エビデンス**　多数の実験やアンケートを行い、その結果から得られた科学的根拠のこと。行動心理学は、エビデンスを重視する心理学である。

寝相でわかる心理と性格

アメリカの精神科医サミュエル・ダンケルは、
人の性格や精神状態が寝相に現れると考え、4つに分類しました。

胎児型

丸まって胎児のように寝る

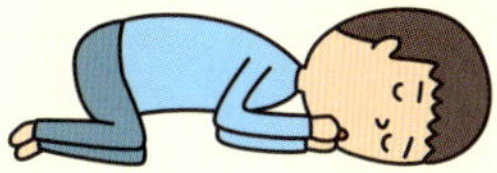

他人に対する警戒心が強く、自分の殻に閉じこもりがちな反面、依存心が強いタイプ。また、人付き合いの軋轢《あつれき》に悩んでいるとも考えられる。

半胎児型

からだを横向きにし、内臓を守るようにひざを少し曲げて寝る

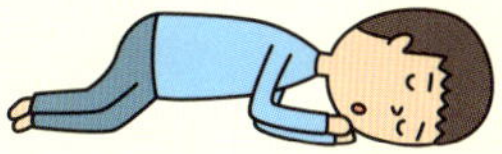

常識的でバランスが取れている。協調性に富む。ストレス社会に最も強いタイプ。

うつ伏せ型

顔やからだをうつ伏せにして寝る

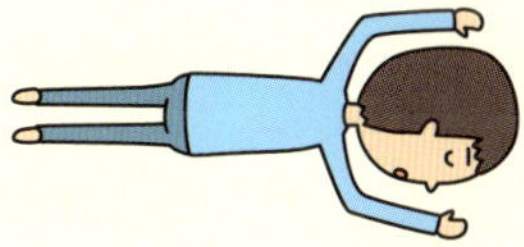

几帳面で保守的。生真面目で、他人のミスが許せない。ストレスが溜まりやすい。

王様型

仰向けで大の字になって寝る

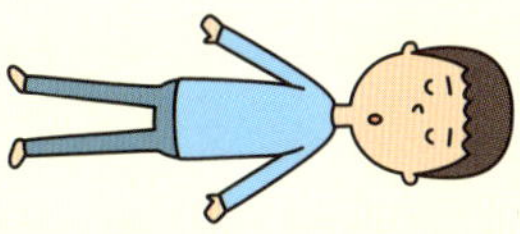

安定した人柄で、自信が強く、オープンで柔軟。自己中心的。愛情を受けて、のびのびと育った人に多い。

19 集団と自分を同一視する

熱狂的なファンになる

集団を実態以上に高く評価

高度成長期の日本に、**「モーレツ社員*」**と呼ばれる人たちがいました。家庭を顧みず、会社のために献身的に働いてきたサラリーマンたちのことです。彼らは、日本を支える企業戦士だともてはやされていましたが、バブル崩壊以降は社会情勢が変化し、そうした働き方はほとんど見られなくなりました。

当時のサラリーマンは、どうしてそれほどまでに会社に忠誠心をもっていたのでしょう。それは、**「集団同一視」**という心理で説明できます。ある集団に所属し、そのことが好意的に感じられると、その集団に依存感情や親愛の情をもつようになり、さらに、その集団に尽くすことに喜びを見出すようになります。集団の価値観やルールを積極的に取り入れ、「**集団＝自分**」と考えるようになります。

つまり、集団と自身自身を同一視してしまうのです。また、その集団を**実態以上に高く評価**する傾向も見られます。モーレツ社員は会社という集団を自分と同一化し、身を粉にして働き、会社に尽くしたのです。

アイデンティティの拠り所

人は、何らかの集団に所属しています。そして、その集団を**アイデンティティ*の拠り所《よ》**とするため、さまざまな場面で**集団同一視**は見られます。宗教団体はその最たる例でしょう。

野球やサッカーなどの**熱狂的なファン**もそう

＊**モーレツ社員**　「モーレツ」は、高度成長期に当たる1969（昭和44）年に、丸善石油（現コスモ石油）が、CMのワンフレーズとして使用した。

です。贔屓《ひいき》のチームと自分自身を同一視し、チームが負けると、あたかも自分が負けたかのような屈辱感を覚えます。チームが勝てば、喜びと誇らしさではちきれんばかり。こうしたファン同士の間で、試合の勝ち負けをめぐり、殺傷沙汰のケンカが起こることもあります。

自分は会社人間ではないし、野球ファンでもないという人でも、出身校から有名人が輩出されると、何とはなしに誇らしく感じることがあるのではないでしょうか。同じグループの中に優秀な人がいるとき、グループ外の人に対して優越感を覚えるのも、集団同一視の1つです。

集団同一視の典型例

自分が所属している集団に依存感情や愛着を抱き、やがて、「集団＝自分」のように感じることが集団同一視です。その集団を実際以上に高く評価するのも特徴です。

会社と自分を同一視

会社と自分を同一視し、家族も顧みず献身的に働く。終身雇用制の時代はそうした働き方でもよかったが、バブル崩壊以降は、会社に尽くした挙句《あげく》、リストラの憂き目に遭うことも……。

野球チームと自分を同一視

野球チームの熱狂的なファンは、チームと自分を同一視してしまう。チームが負けると、あたかも自分が負けたかのような屈辱感を感じる。

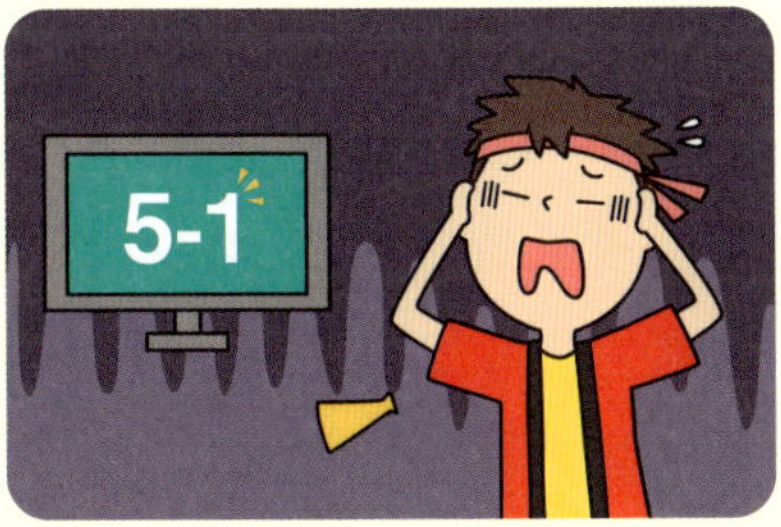

＊**アイデンティティ**　心理学では「自己同一性」と訳す。自分は何者であり、何をなすべきかについて心の中に保持される概念。ドイツ生まれの心理学者エリク・エリクソンが定義した。

20

占いや心理テストが大好き

あいまいで一般的な内容を、自分だけに当てはまると錯覚

占いの言葉に無防備な人は注意

雑誌やテレビの情報番組によく見られるのが占いや心理テストのコーナー。軽いお楽しみ程度の関わり方ならよいのですが、中には度を超えてのめり込んでしまう人もいます。

「自分では気づいていないかもしれないけれど、あなたには頑固な一面があります」「人間関係の悩みがあるのではないですか？」。占い師の言葉や心理テストの結果を信じ切って一喜一憂する人は、**占いや心理テストにはまりやすいタイプ**といえます。素直だともいえますが、**他者の言葉に無防備**である場合が多く、悪意をもった誰かに簡単にコントロールされてしまうこともあるでしょう。

占いの例でいえば、頑固な面がまったくないという人は少数派ですし、ましてや「気づいていないかもしれないけれど」と前置きされれば、「自分では頑固ではないつもりだったが、気づいていないだけだったのか」と思ってしまいます。また、人間関係の悩みがない人など、現実にはいないのではないでしょうか。つまり、**誰にでも当てはまりそうな、あいまいで一般的なことを「占い」と称して述べているだけ**なのですが、それを、自分だけに当てはまる正確なものだととらえてしまう現象を、心理学では**バーナム効果**[*]と呼んでいます。

肯定的な情報は信じやすいけれども、否定的情報は好まれないというのもバーナム効果といえるでしょう。

＊**バーナム効果**　1956年にアメリカ合衆国の心理学者ポール・ミールが、興行師のフィニアス・テイラー・バーナムにちなみ命名した。

実験

バーナム効果についての実験

バーナム効果は、アメリカの心理学者バートラム・フォアの行った実験から、その名をとってフォアラー効果ともいいます。フォアの行った実験とは次のようなものでした。

実験方法

学生たちに性格について心理検査を実施した後、「あなたの分析結果」として以下のものを手渡した。

- あなたは、他人から好かれたい、賞賛してほしいと思っており、それに関わらず自己を批判する傾向にあります。
- あなたは弱みを持っているときでも、それを普段は克服することができます。
- あなたは、使われず、生かし切れていない才能をかなり持っています。
- 外見的には規律正しく自制的ですが、内心ではクヨクヨしたり、不安になる傾向があります。
- 正しい判断や、正しい行動をしたのかどうか、真剣に疑問をもつときがあります。
- あなたは、ある程度の変化や多様性を好み、制約や限界に直面したときには不満を抱きます。
- あなたは、独自の考えを持っていることを誇りに思い、十分な根拠もない他人の意見を聞き入れることはありません。
- あなたは、他人に自分のことをさらけ出しすぎるのは賢明でないことに気づいています。
- あなたは、外向的・社交的で、愛想がよいときもありますが、その一方で内向的で用心深く、遠慮がちなときもあります。
- あなたの願望には、やや非現実的な傾向もあります。

そして学生たちに上記の分析がどれだけ自分に当てはまっているかを０（まったく異なる）から５（非常に正確）の5段階で、それぞれの項目を評価させた。

このときの平均点は4.26で、かなり高い評価といえる。しかし、実はこの分析結果は、フォアが星座占いの文章を組み合わせて作成したもので、どの学生にもまったく同じ内容のものを渡していた。

結果

あいまいで誰にでも当てはまりそうな記述でも、「あなたの分析結果」として渡されると、信憑性《しんぴょうせい》が高くなることがわかる。

21

年齢的には大人だが、行動や感情が子どものまま

いつまでも子どもっぽい男性

ピーターパン・シンドローム

我が《が》強いわりに、主張することは苦手。対人関係をうまく結べずに、職場でも孤立しがち。嫌なことがあると、仕事をおろそかにする。家に帰れば、不満を家族にぶつけ、暴力行為に至ることもある。そのくせ、親に依存していて、甘えたいときには甘える……。

あなたの周囲にこんな人はいないでしょうか。**年齢的には大人であっても、行動や感情が自己中心的な幼児のまま**である男性を称して、**ピーターパン・シンドローム*（ピーターパン症候群）**といいます。

ピーターパン・シンドロームの男性は、**精神的に未熟で、ナルシシズム、無責任、反抗的、怒りっぽい、ずる賢い**といった傾向があります。傷つきやすく不安定なため、就職などの社会活動に消極的です。また、社会活動に参加していても、役割や責任を果たそうとせず、**社会不適応**と見なされます。

また、**性的なコンプレックス**があり、現実の女性との恋愛を苦手に感じる一方で、母性の強い女性に心惹かれるという面もあります。

こうしたピーターパン・シンドロームが発生する背景には、しつけ不足、過保護や過干渉、いじめによるトラウマ、劣等感からの逃避願望など、さまざまな要因が考えられていますが、はっきりしたことはわかっていません。**ニート**や**引きこもり**（➡P116）と共通項が多いことも指摘されています。

* **ピーターパン・シンドローム**　1983年にアメリカの心理学者ダン・カイリーが提唱した。母親的役割に陥る「ウェンディ・ジレンマ」もある。

わが子をピーターパン・シンドロームにしないために

ピーターパン・シンドロームを提唱したダン・カイリー教授は、その著書の中で、ピーターパン・シンドロームの予防と治療のための「しつけ基本原則10か条」を書いています。

1. コミュニケーションはあくまで予防策にしかすぎない。解決には行動することが必要。
2. 「曲げていい規則」と「曲げてはいけない規則」がある。
3. 子どもが「自分の役目」をちゃんと行っている限り、親は干渉しない。
4. 上手な叱り方ですばやく罰すれば、何度も繰り返さなくてすむ。
5. 子どものもっともな不満に耳を傾ける。

6. 理屈にかなった制限と理性的な規律を与えれば、子どもは自我と自尊心を身につける。
7. 仲間の圧力に屈しないように、親は信念をもって子どもを導く。
8. 子どもは大人が思う以上に強さと想像力をもっているので、子どものやり方に目くじらを立てるより、楽しむゆとりが大切。
9. 家族全員で一緒に働いたり遊んだりする。
10. 説教ではなく、身をもって示す。不言実行こそ最善の教育。

22 妄想癖・空想癖がある

妄想は精神疾患、空想は現実逃避

事実と違うことを本気で思い込む

精神医学でいうところの**妄想***とは**「事実とは違うことを本気で事実と思い込むこと」**です。妄想は、躁《そう》病、うつ病、統合失調症などの精神疾患のほか、ある種類のてんかんや認知症、薬物中毒などが原因で起こります。妄想を生じているときは、**その思い込みが事実とは異なるという証拠を示しても、頑として認めようとはしません**。

例えば、「私は不治の病」という妄想をもっている人に、健康だと診断書を見せても、「検査ミスだ」などと主張します。周囲にその妄想が間違っていることを諭《さと》されても、聞き入れることができないのです。

心の安定のために空想に逃避

空想はというと、**本人に「現実とは異なる」という認識**があります。仕事がつらい、人間関係でトラブルがある、などの**困難に直面したとき、心を安定させるために、空想の世界に浸っている**のです。つまり、**心の防衛機能**です。

ただ、この逃避癖は習慣化します。困ったことがある度に空想の世界に逃げ込んでいると問題は解決しないままです。「やるべきことができない人」というレッテルを貼られ、社会的な信用度は下がる一方ということにも。空想癖がある人は、社会生活に適応できなくなる前に、問題に直面する努力をする、専門医に相談するなどの対処をしたほうがよさそうです。

＊**妄想**　心理学用語としての「妄想」と、日常生活での「妄想」とは異なる。日常生活で「妄想」というときは、「空想」に近いニュアンスで使われている。

さまざまな妄想

基礎疾患により現れる妄想にはいろいろな種類があります。

誇大妄想

自己を過剰評価したり、実際には存在しない地位・財産・能力があるように思い込む。躁病によく見られる。

被害妄想

他人から悪意をもって阻害されていると信じる。事業や就職などにおいて失敗すると、他人の妨害や攻撃のせいだと考える。統合失調症によく見られる。

盗《とう》害《がい》妄想

自分のものを盗まれたと思い込む。認知症によく見られる。

罪《さい》業《ごう》妄想

自分は非常に罪深い存在で、皆に迷惑をかけているなどと思い込む。うつ病によく見られる。

心気妄想

自分が病気にかかっていると思い込む。実際に病気である場合は、症状が実際より重篤なものと悲観する。うつ病によく見られる。

貧困妄想

現実にはそうでないにも関わらず、自分は非常に貧しく、このままでは生活が破《は》綻《たん》すると悲観する。うつ病によく見られる。

23

老いを認められない女性

現実を受け入れられず、神経症に至る

アンチエイジング花盛り

40歳以上をターゲットとした高級化粧品の広告に、しばしば**「アンチエイジング」**という言葉が登場します。アンチは「反対の～」、そしてエイジングは「加齢・老化」の意味ですから、アンチエイジングは「抗老化」「若返り」といった意味で用いられています。

アンチエイジング市場は、高級化粧品にとどまりません。エステやサプリメントのほかに、ヒアルロン酸注射やボトックス注射、フェイスリフト、ケミカルピーリングなどの美容整形が話題になっています。いずれも、皮膚に若々しい張りやつやを出すとされるもので、女性の多くはこれらに興味津々です。なぜ女性はかくも若さにこだわるのでしょう。

女性が若さにこだわる理由

それは、**日本では若い女性ばかりをちやほやし、年齢を重ねた女性を軽侮する風潮**があるからかもしれません。男性は、年をとっても「いぶし銀の輝き」などと言われ、老いもまた魅力と見なされますが、女性にとって、老いはマイナスでしかありません。

特に、若いときに美人ともてはやされた人にとっては、若さを失い、容姿が衰えていくことは、人格を否定されるようなつらさがあるのでしょう。そこで、若さをとどめるために、アンチエイジングに走ることになるのです。

こんな女性の心理を表した言葉に、**老女優症**

＊**神経症**　病因が器質的なもの（誰が見ても特定の場所に特定の病変を見出すこと）ではない精神疾患。軽度のパニック障害や強迫性障害などをいう。

候群というのがあります。美人で魅力的な女優も、年をとるにつれて容姿が衰えていくのはしかたがないことです。しかし、美人であるという意識が強い人ほど、この自然の成り行きを受け入れることができず、中には**アルコール依存**や**薬物中毒**などの深刻な**神経症***に陥る人もいます。

充実した老年期を送るために

このようなことにならないためにも、人は必ず年をとり、容姿も体力も衰えていくということ、そして、そのときに自分に何が残るのかということを考えておくことも必要でしょう。特に、女性にとっての「容姿」は、男性においては「体力」や「知力」にも匹敵するといえるかもしれません。

女性も男性も、いつまでも過去の栄光や栄華にしがみつかず、老いを受け入れ、充実した老年期を送れるかどうかは、「今」の過ごし方にかかっているともいえます。

心理学トリビア 老女優症候群と更年期障害

老女優症候群は、女性の更年期障害と時期が重なるため、これが引き金になって症状が悪化することがあります。

更年期障害には、ホルモンの乱れが自律神経失調症を招くタイプ（自律神経性更年期障害）と、心の問題が原因で心身緊張が起こり、自律神経失調症のような症状を示すタイプ（心因性更年期障害）の2種類があります。一般に更年期障害といわれるものは前者が多く、心因性タイプは見過ごされがちです。心因性と気づかずに、自律神経性のホルモン治療を行っても、症状は改善されません。

原因となる心の問題はさまざまで、容姿の衰え、それに伴って夫の愛情を失わないかという不安、子どもが成長し離れていく寂しさなどがあるようです。最初は自律神経性更年期障害だったものが、周囲の無理解に不満を募らせ、やがて心因性になることもあります。家族の中に40～50代の女性がいる人は、冗談でも「老けたなあ」などといった配慮を欠く発言は慎みたいものです。

性格を見抜く方法

心理学では、人の性格をいくつかのタイプに分けて考えます。
その分類法には類型論と特性論がありますが、ここでは類型論による
分類を紹介します。類型論は性格をいくつかの基準によって分けたものです。
あなたや周囲の人は、どの性格に当てはまりますか。

クレッチマーの体型別性格分類

類型論の代表格。ドイツの精神医学者クレッチマーが提唱。人の体型と性格にはある一定の関係があると考えました。

肥満型
(躁うつ気質)

明るく社交的で、ユーモア精神に富み、温かみもあり、親しみやすい人柄。基本的にコミュニケーションが好きで、ふだんは付き合いやすいタイプだが、感情にムラがあり、突然落ち込んでうつ状態になることがある。

やせ型
(分裂気質)

物静かで控え目。神経質な生真面目タイプ。理解力や洞察力がある一方、独断的な面がある。非社交的で、周囲にまったく無頓着なこともある。

筋肉質型
(粘着気質)

几帳面で粘り強く、頑固。正義感が強く、言い出したらあとに引かないことがある。気に入らないことがあると怒り出すなど、興奮しやすいこともある。

ユングの類型論

スイスの心理学者ユングは、リビドーという精神エネルギーの方向性によって性格を分類しました。リビドーが自分の外側に向かう「外向型」と、内側に向かう「内向型」に分け、この2つをさらに人間の心がもつ力（心理機能）の4タイプに分類しました。

性　格

外向的　内向的

✕

心理機能

対立：思考 ↔ 感情
判断を司る機能

同類：感覚 ↔ 直感
背後にある意図を取り入れる機能

心理機能／性格	思考型	感情型	感覚型	直感型
	 思考することが得意で、それを頼りに判断する。	 感情が豊かで、自分の感情を基準に判断する。	 触感や香りなどの五感で感じたことで判断する。	 思いつきやひらめきを重視し、直感で行動する。
外向的	**外向的思考タイプ** 何事も客観的事実に即して考える。他人の間違いや、失敗、罪を厳しくとがめがち。	**外向的感情タイプ** 流行を追うのが好きで、深く考えないタイプ。対人関係は豊かで、人に好かれる。	**外向的感覚タイプ** 現実を受け入れる力がある。快感を楽しみ、享楽的。	**外向的直感タイプ** 実業家に多いひらめき型。可能性を追求する。
内向的	**内向的思考タイプ** 感心が内に向かい、主観を重視する。頑固で強情っ張り。	**内向的感情タイプ** 感受性が強く、自分の内面を充実させることを重視するタイプ。	**内向的感覚タイプ** 物事の奥にあるものを感じ取れる。独自の表現力をもっている。	**内向的直感タイプ** 非現実的なひらめきによって行動する。芸術家タイプ。

自分が知らない自分に気づこう

自分の性格は自分が一番よく知っている。そう思うのが普通です。
でも、他人から見たあなたの印象はどうでしょう。
自分の性格に悩んだとき、あなたの未知の領域の扉を開いてみませんか。

ジョハリの窓

アメリカの心理学者ジョセフ・ルフトとハリー・インガムが発表した「対人関係における気づきのグラフモデル」のこと。この2人の名前を組み合わせて、「ジョハリ」と名づけられた。人間の自己の領域を格子窓のようなものだととらえ、4つの窓に分けたもの。

例

人間関係で問題を起こすことが多い人
＝
B、Cの面積が広い

↓

- Aの面積を広げ、自分のことを知ってもらうようにする。
- Bの部分をAにもってくるには、人の気持ちに耳を傾ける必要がある。
- Cの部分をAに持ってくるには自分をオープンに（自己開示）する。

↓

他人にあなたのことを知ってもらえ、人間関係が改善する

		自分自身が	
		知っている	知らない
周囲の人が	知っている	**A 開放の窓**  自分も他人も知っている部分（公開された自己）。あなたがオープンにしている部分。	**B 盲点の窓**  自分では気がつかないが、他人は知っている部分。
	知らない	**C 秘密の窓**  自分は知っているが、他人は知らない部分。例えば人に隠していること。	**D 未知の窓**  自分も他人も知らない無意識な領域や抑圧された部分、埋もれた才能など。

PART 2

口癖・話題からわかる心理

01

「ここだけの話」と耳打ちする

自分の存在をアピールしたい、優越感に浸りたい

無責任な自己顕示欲が強い

「ここだけの話だけど…」と前置きして話し始める人がよくいます。居酒屋でも、近所の立ち話でも、職場でも、おもむろに顔を近づけてきて、小声で話しかけてきます。聞く側も、そう前置きされると興味津々になり、思わず身を乗り出します。

こうした話し方をする人は、自分の話に興味をもってほしい、そして自分の存在を認知し、注目してほしいと思っているのです。つまり、**無責任な自己顕示欲***が強いといえるでしょう。普段あまり注目されていない、大人しい人であるために、余計に注目を集めたいと思っているのかもしれません。

また、あなたを信頼したい、仲よくなりたいと思って話す場合もあります。あるいは、自分の味方になってほしい、この秘密を守れるかどうかで自分への忠誠心を試したいと考える人もいます。

「ここだけの話」では収まらない

「ここだけの話」を他人に話すことで、人の知らないことを自分だけが知っているという**優越感**を味わうこともできます。優越感とは、自分がほかの人より優れていると感じることで、自分自身の存在を認める状態です。「すごい、そんなことを知っているの？」と驚かれることで、優越感を得られるのです。

しかし、**「ここだけの話」**は**「ここだけの話**

***自己顕示欲**　自分の存在を社会や周囲にアピールしたいという欲求。社会生活で正常なコミュニケーションを取るためには欠かせないもの。

でとどまらない」ということを、聞かされる人もよくわかっているのではないでしょうか。「ここだけ」といわれると、ほかの人にも話したくなる心理が働きますし、「ここだけの話」を話す本人が、自分の味方を得るために別の人にも話すことが多いからです。

思わせぶりに話した内容が大したものではない場合、自分と仲よくなってほしいという欲求がより強いと考えられます。

その人と距離を置きたい場合は、「私は秘密は守れない性格なので」などと予防線を張っておくとよいでしょう。

秘密を共有したいときの表現

秘密を共有したいときに枕詞《まくらことば》のように使う禁断の香りのする表現をいくつか紹介しましょう。この言葉を聞くと、その先が聞きたくてしかたなくなります。

1 「ここだけの話だけど…」

自分の存在をアピールしたい。

2 「あなただけに言うけど…」

「あなたに好感をもっています」というメッセージを込めている。

3 「誰にも言わないでよ」

「あなただけは特別」というメッセージを込めている。

4 「実は…」

特別なことを言い出すように見せて、実は普通の意見のことが多い。

5 「信頼しているから話すのだけど…」

この言葉で喜ぶ相手と、うっとうしいと感じる相手に分かれる。

02

自尊感情をもったナルシストが多い

自慢話をしたがる

誰かに認めてもらいたい

「俺さあ、最近また外車を買い替えたんだよ」とか、「私の家系はみんな東大を出ていてね」などと、聞いてもいないのに自慢話をしたがる人がいます。このような人は、いつも「誰かに認めてほしい」「ほめてもらいたい」と思っています。そのことで自分は価値ある人間なのだと感じていたいのです。これを**自尊感情***といいます。

また、このような人は自分だけを愛する**ナルシスト***であるともいえます。子どものころに親から溺愛《できあい》されて育った人は自分が特別に優れていると思い込みやすく、逆に親の愛情が得られずに育っても、そのマイナス体験を埋め合わせるために自分は優れていると考える心理が働きがちです。そしていずれの場合も他人の気持ちを推し量ることが苦手となります。

劣等感がつきまとう自慢話

自慢話をするのは男性に多いといわれています。「俺は友達が多くて」「知り合いに有名人がいてね」などといった自慢話の裏には、本当は親しい友達や信頼できる仲間がいないといった劣等感が潜んでいると考えられます。

自慢話を聞かされるというのは、かなりうんざりすることですが、それに対して「すごいね」とか「へえー」などと感心している対応をすれば相手は心を平穏に保つことができます。余裕をもって軽くかわすのがよいでしょう。

＊**自尊感情**　自分を基本的に価値あるものとする感覚。自分をかけがえのない存在、価値ある存在として肯定的にとらえる気持ち。「自尊心」ともいう。

自分だけしか愛せない ナルシストの特徴

ナルシシズム（自己愛性パーソナリティ障害➡ P34）とは、自分だけを対象にする愛のこと。ナルシシズムを呈する人を「ナルシスト」といいます。ナルシシズムには、次のような特徴があります。

1 自己の重要性を過大評価する

自分の業績や才能を誇張する。

2 成功・権力・美・理想的な愛の空想にふける

自分の魅力による出世や財産などを空想する。

3 自分は特別だと信じている

他の特別な人にしか理解されないと信じる。

4 過剰な賞賛を求める

お世辞に弱く、賞賛されると無上に喜ぶ。

5 特権意識がある

特別扱いを望み、自分の期待に従わせたがる。

6 対人関係で他者を不当に利用する

自分の目的達成のために他人を利用する。

7 共感できない

他人の気持ちや欲求を理解しようとしない。

8 嫉妬しやすい

他人も自分に嫉妬していると思い込みやすい。

9 尊大で傲慢《ごうまん》

冷たく横柄な態度。感謝の気持ちに欠ける。

＊**ナルシスト**　ギリシャ神話に出てくる美少年ナルキッソスのエピソードから命名された。彼は水に映った自分の顔を見て惚れ込み、ほかのどんな人にも興味をひかれなくなった。

03

自分を知的に見せようとする知性化とコンプレックス

難しい言葉、カタカナ語を使いたがる

難しいカタカナ語で煙に巻く

テレビのお天気コーナーで、あるお天気キャスターが「午前と午後で、お天気はドラスティックに変わるでしょう」と言うのを聞いて、一瞬意味を理解できなかったことがあります。「ドラスティック」とは「過激、思い切った」といった意味がありますから、このお天気キャスターは「お天気が一変します」と言いたかったのでしょう。

カタカナ語は外来語が日本語の一部となる場合と、和製英語の場合とがありますが、それほど浸透していないカタカナ語を多用する人も多いのではないでしょうか。

ビジネスマンの中には、カタカナ語と同様に、**難しい言葉や専門用語を使いたがる人**も多いようです。あまりに多用されると、はじめのうちは「すごい！」と思っても、何だか煙に巻かれたようで、話の内容が一向に理解できない場合が多いのではないでしょうか。

自分の実力に自信がないことの裏返し

実はカタカナ語や専門用語を多用する人たちの狙いはそこにあります。**自分の実力以上に能力があるということを見せつけたい**がために、本やテレビなどから得た知識を披露します。

これは、自分を知的に見せようとする**知性化***という心理が働いていると考えられます。しかし、背伸びをして難解な言葉を使っても、知識が浅いために内容に深みがなく、本質に迫って

＊**知性化**　わざわざ難解な表現にして、自分を知的に見せようとする心理。自分を直視しようとせず、観念的な世界に逃避する傾向もある。

いないことが多いのです。本当に実力のある人は、誰にでもわかる言葉で表現や説明ができるはずです。

また、知性化は自分の実力に自信がない**コンプレックス**の裏返しともいえます。**時代に乗り遅れたくない**という気持ちも強く、「勝ち組」「負け組」といった言葉にもこだわります。

そして、常に**新しいものを追い求める**傾向があります。最新のビジネス用語を使いたがり、携帯電話やパソコンなども、新しいものが発売されると、すぐに反応して購入し、自慢したがります。

ビジネスマンが使いたがるカタカナ語

「デキるビジネスマン」に見られたい人が使いたがるカタカナを列挙してみました。さて、あなたはいくつわかりますか。

1. アジェンダ
2. アーティクル
3. アライアンス
4. イノベーション
5. インセンティブ
6. エビデンス
7. カンファレンス
8. コモディティ化
9. コンセンサス
10. サブスタンス
11. サマリ
12. シナジー
13. スキーム
14. ディシジョン
15. ドラスティック
16. プライオリティ
17. プロトタイプ
18. ポテンシャル
19. マイノリティ
20. マジョリティ

アーティクル…
プライオリティが…
エビデンス
サマリ…

1 予定表／行動計画　2 記事／論文　3 複数企業が連携して事業を行うこと　4 技術革新／経営革新　5 やる気を起こさせる　6 証拠　7 会議／協議　8 一般化　9 合意／意見の一致　10 実質／内容　11 まとめ　12 相乗効果　13 しくみ／枠組み／計画　14 決定すること　15 抜本的／思い切った　16 優先順位　17 原型／ひな型　18 潜在的な能力／可能性　19 少数派　20 多数派

04

うわさ話が大好きな女性

話し好きで、言語処理能力に優れた女性ならでは

うわさ話は生存本能の1つ

人が集まるとうわさ話*が必ず起こります。つまり**うわさ話は人間の欲求であり、社会的コミュニケーションの手段**でもあります。

アメリカのウェーバー州立大学のコミュニケーション学の教授であるスーザン博士は、「その内容がうわさであったとしても、会話は人間が他者と親交を深めるための重要な方法の1つ」とし、「直接は知らない人のことを知ることができる重要な方法」と述べています。

また、人は常にほかの人が何を考えているのか知るために、当の本人に聞いたり、身辺情報を収集したりします。社会生活、共同生活を送るためには、個々人を理解することが不可欠であり、そうした心理がうわさすることにつながっていくのです。

さらに、うわさ話をすると**ドーパミンに似た脳内化学物質**が放出されることがわかっています。これにより、**不安やストレスを緩和する**プロゲステロン（黄体ホルモン）の濃度が上昇するといわれています。

言語情報の処理が得意な女性

女性同士のうわさ話や世間話を**「井戸端会議《いどばた》」**とよく表現します。女性週刊誌の内容はほとんどがうわさ話です。他人のうわさ話は、女性の特権ともいえるのではないでしょうか。

どうして女性は他人のうわさ話が好きなのでしょうか。女性には、女同士が結託して自分た

＊**うわさ話**　世間で言い交わされている話。ゴシップは、興味本位のうわさ話。不祥事や醜聞などはスキャンダルともいう。デマとは意図的なウソや流言。

ちの身を守ろうとする習性があるようです。一方、男性は集団の中で自分の地位を確立させていくために、戦うことで身を守っていこうとします。

また、女性は**複数の情報を自由自在に組み合わせることが得意**です。多角的に物事を見ることができるのです。そこでうわさ話は非常に重要な情報源となります。そこに話し好きという習性が加わって、うわさ話に花が咲くというわけです。

うわさ話の多くは、その場にいる誰にも差し障りのない、また誰にでもある程度興味のある内容です。それについて話すことで、誰と誰が意見が一致するかを確かめることができ、自分の価値を改めて表現することもできます。

ちなみに1990年代以降はインターネットが、2000年代にはツイッターが広まり始め、SNSは私たちの生活になくてはならないものになるとともに、**新たな「うわさの時代」**が始まったといえるでしょう。

心理学トリビア　女たちのうわさ話は井戸端会議から

かつて江戸時代の長屋《ながや》の女たちが共同井戸に集まり、世間話やうわさ話に興じていたのが井戸端会議です。現代では、女性が「女子会」と称して集まっておしゃべりする場が井戸端会議といえるでしょう。

共同住宅であった長屋には、水を供給する井戸が共同設備としてありました。ここで炊事も洗濯もし、行水や飲み水も得ていたといいます。長屋の住人が順番に桶で水を汲み、自室の水瓶《みずがめ》などに運びます。これは各戸の女たちの仕事でした。そのため、自然と井戸端に女たちが集まり、順番を待つ間に話に興じたのでしょう。また、井戸の周辺に掲示板のような張り紙のシステムができていき、ここに情報が掲示されて、それについての会話もあったと想像されます。

ちなみに江戸の長屋の井戸は、すべてが地下水からつくったもの（掘り抜きの深井戸）ではなく、神田上水と玉川上水から引き込まれた分水からつくった暗渠《あんきょ》（地面に桶を埋めたもの）から供給する水道井戸が多かったといいます。

05

距離を置きたいという警戒心とコンプレックス

必要以上に敬語を使って話したがる

一定の距離を保っていないと不安になる

目上の人や上司、初めて会った人などに**敬語**を使うのは常識です。これは**相手を敬う気持ち**の表れだからです。

しかし、長い付き合いの人や親しくなってからでも「です」「ます」調でていねいに話したり、必要以上に敬語を使ったりする人がいます。このような場合は、決して礼儀正しい人とはいえません。

逆に、「私はあなたのことを、そんなに親しい人とは思っていません」と言っているようなもので、**相手にあまり好意をもっていないということを意思表示したいから**なのです。

また、**常に相手と一定の距離を保っていないと不安になる警戒心の表れ**である場合もあります。他人と深く関わり合うことを恐れているのです。

強いコンプレックスの裏返し

非常に**コンプレックス***の強い人も、慇懃無礼《いんぎんぶれい》とも感じるようなていねいな言葉づかいをすることがあります。このような人は、常に自分がその人からバカにされているように感じていて、しかも面と向かってはその人に勝てないものだから、**表面的にていねいな言葉を使うことで精一杯相手に反抗している**と考えられます。必要以上の敬語は皮肉（嫌み）に聞こえ、相手をイライラさせます。その様子を見て優越感を感じているのです。

*コンプレックス　親子間のコンプレックスをエディプス・コンプレックス、きょうだい間の場合はカイン・コンプレックスという（➡P 23）。

会話の中から相手の コンプレックスを探る方法

一般的に「劣等感」と訳されるコンプレックスは、心理学では「複雑に絡み合った感情」という意味で、親子間のコンプレックスときょうだい間のコンプレックス、体型に関するコンプレックスに分けられます。本人が気づいている感情は劣等感、無意識の感情は劣等コンプレックスとも分類されます。

連想検査法で探ってみよう

心理学者のユングが開発した連想検査法が有名。相手に何か言葉（刺激語）を言って、それに対する次のような相手の反応を見る。

1. 連想して返ってきた言葉（反応語）の内容 → 反応語が不自然
2. 言葉が返ってくるまでの時間 → 反応時間が長くかかる
3. 聞き直しの有無 → 聞き直す

結果

これらの反応があった場合は、そのときの刺激語に関連する事柄にコンプレックスがあると考えられる。

例 母親にコンプレックスをもっている場合

- 家族の話をしているときに、母親の話を出さない。
- 母親に関する話題になると、話を変えようとする。
- 母親の話に触れても、当たり障りのない内容しか話さない。
- 母親に関する話題は早めに切り上げようとする。
- 母親の話になると、理由をつけて席を離れようとする。

06

「昔はよかった」とよく言う

時代に取り残される不安からの逃避と優位性

よい記憶を残して郷愁にふける

年長者が若者に対してよくつぶやく言葉、飲み会などでよく聞かれる言葉、**「昔はよかった」**。この言葉は、いにしえから延々と言われ続けてきた言葉ではないでしょうか。つまり、「昔はよかった」と言っている人も、その前の世代の人に同じように言われてきたはずです。

昔がそんなによかったのかといえば、決してそうではないはずです。例えば、***団塊《だんかい》の世代**にとっては、昔は物質的にも豊かではなく、貧しく、苦労することも多かったでしょう。社会人になったら、休みもなく、モーレツ社員（➡P54）として働いてきたはずです。

それでも「昔はよかった」と声に出して言えるのは、それがすでに過ぎ去ったことであるがゆえに**「よくあの時代を乗り切ったな」と自分をほめてやりたい**感慨にふけっているのだと考えられます。また、記憶の中では、**よい記憶だけが残って、嫌なことは忘れてしまっている**場合もあるでしょう。

昭和30年代を舞台にした映画、『ALWAYS三丁目の夕日』にしても、高度経済成長に沸いていた当時の、郷愁《きょうしゅう》をそそるよい側面だけが強調され、おざなりにされていた環境問題や少年犯罪など悪い現象は取り上げられていません。

不安から逃避し、優越感に浸る

あるいは、歳を重ねてくると、**若者たちや時代に置いてきぼりにされるのではという不安**が

↘～1954年の昭和20年代に生まれた世代）が、よくも悪くも日本社会の形成に大きな影響を及ぼしていると認知された。

首をもたげてきます。**若さを失っていく不安感**も入り交じって、**その不安から逃避**するために「昔はよかった」という言葉が出てくるとも考えられます。

さらに、「昔はよかった」という一言で、**「君たちは知らないだろうけど」という優越感**を示すことができます。つまり、不安から逃れ、自分を肯定することができるのです。

『ノスタルジアの社会学』を著した社会学者フレッド・デーヴィスは、「自らのアイデンティティ（↓P54）が危機に瀕したときに、過去を振り返ることでアイデンティティの連続性を確保し、強化をするという機能や効果がある」ということを述べています。

不安からの逃避といえば、**閉塞感を感じている現実の生活について考えないようにしたい**という心理も働いているでしょう。

「昔はよかった」と同じようによく使われる言葉に**「近ごろの若い者は」**があります。この言葉を発した人も、その前の世代から同じく言われてきたはずです。年長者が若い者に対して軽侮の気持ちを表すときに使う言葉ですが、新しいものを受け入れられなくなった自分に対しての嘲笑の念も込められているでしょう。

心理学トリビア　幸福感を与えてくれるノスタルジー

「ノスタルジー」とは、本来は医学用語でした。その語源はギリシャ語の帰郷（nostos）と苦痛（algos）で、17世紀末頃に祖国を離れた人々が精神的な病にかかる状態を表した言葉として使われていました。つまり、ホームシックの病的状態を指す言葉だったのです。

現在は、過去に思いを馳《は》せるときに生じる肯定的感情などを指す言葉として使われています。人々は、肯定された過去を思い出すことによって心理面での安らぎを覚えるようです。

ノスタルジーは、人々に幸福感や社会との一体感、そして自尊心を与えてくれるものといえそうです。

＊**団塊の世代**　作家の堺屋太一が1976（昭和51）年に発表した小説『団塊の世代』によって、日本において第１次ベビーブームが起きた時期に生まれた世代（1947～1949年生まれ、広義では1946↗

07

血液型の話が大好き

グループに属している安心感と、対人関係への不安

科学的根拠はまったくない

あなたは**血液型**の話をしたり、自分の血液型を聞かれたりしたことはありますか。ほとんどの人がイエスと答えるのではないでしょうか。不思議なことに、アメリカでは血液型の話はほとんどすることがないそうです。なぜ日本人は血液型の話が好きなのでしょうか。

A型は几帳面で神経質、**B型**はマイペース、**O型**は社交的で大雑把《おおざっぱ》、**AB型**はやや複雑な性格で気分屋、といった性格判断が誰にもすり込まれています。しかし、この血液型性格判断には**科学的根拠はまったくありません**。

それなのに、職場での採用や人事異動などにまで血液型判断を利用するところがあるとすれば、これは立派な**ブラッドタイプ・ハラスメント***といえるのではないでしょうか。

そもそも、人間を4つのグループに分け、性格を決めつけるなどたまったものではありません。現在は、**性格を決める要因は、遺伝と育った環境がそれぞれ半々くらいに影響されている**と結論づけられています。

性格判断ができて妙に納得

日本人が血液型の話が大好きなのは、とりあえず**血液型の話をすれば、その場がもつ**ということもあると思います。初対面の人に会ったときでも、血液型の話を出せば、何となく打ち解けられます。

そして、血液型を聞いて、前述のような性格

＊**ブラッドタイプ・ハラスメント**　科学的根拠のない血液型性格判断による嫌がらせや差別。企業が社員採用時や人事評価に活用したりする場合も。

判断を行い、「この人はこんな性格なんだ」とわかったような気になります。逆に、予測を超えた行動をした相手から血液型を聞き、「やっぱりＡＢ型だからか」と妙にその行動に納得したりします。

血液型の話ばかりする人は、**対人関係に不安を感じている**場合が多いといえるかもしれません。また、日本人は基本的に集団主義ですから、**どこかのグループに属していることで安心感を覚えます**。星座占いは12のグループ分けですが、血液型はわずか4タイプで覚えやすいというのも話のネタになる要因でしょう。

血液型は8割の確率で当たる

血液型の当てっこをするとき、「あなたは几帳面だからA型」といったように推測して当てます。しかし、実はかなりの確率で血液型は当たるのです。

日本人の血液型分布

A型	B型	O型	AB型
39%	22%	29%	10%

「あなたの血液型はA型」

↓

40%の確率で正解

「あなたの血液型はA型かO型」

↓

70%の確率で正解

血液型による一般的な性格判断

- A型　几帳面、神経質、頑固、よく気が利く、保守的で努力家
- B型　自由でマイペース、行動力がある、芸術家タイプ
- O型　大雑把、おおらか、いい加減、面倒見がよい、八方美人
- AB型　気分屋、変人、クールで計算高い、二重人格

08

「一応」「とりあえず」

自信のなさを補うための自己防衛反応

相手を不愉快にさせる言葉

よく聞く口癖の1つに**「一応」**というのがあります。例えば後輩に「これ、やっておいてくれない?」と頼んで、「一応やっておきます」と答えられると、ちょっとカチンと来るのではないでしょうか。あるいは、店に問い合わせの電話をして、「一応時間外なので、別の日にお掛け直しいただけますか?」とどっちつかずの対応をされると、「何言ってるのよ」と腹立たしくなってきます。

このように、「一応」という言葉を前置きに多用されると、かなり違和感を覚えます。「一応やっておきます」とは、「一応」ですませられる仕事なのかと突っ込みたくなりますし、「一応時間外」なら、別に今でもよいのではないかと不愉快にもなるでしょう。

これと同じような言葉に、**「とりあえず」**があります。どちらも**「ひとまず」**という意味ですが、使い方によっては相手から怒りを買ってしまいかねません。

「一応」「とりあえず」を会話の中で頻繁に使う人は、**自分が言っていることに対して自信がもてない**場合が多いようです。実際、聞いている相手には**非常に頼りない印象**を与えてしまいます。

しかし、自信がないのでそれをごまかすためにこうした言葉を使用してしまうということは、心理学的には自分の弱点を相手に隠そうとする**防衛反応***と見ることができます。

＊**防衛反応**　自己防衛反応のこと。防衛機制ともいう。精神分析の分野においては、不安などから自分を守ることを「防衛」と表現する。

自分の考えを曲げない頑固者

口癖ではなく、意思をもって「一応」「とりあえず」を使用する場合もあります。例えば、上司から仕事を頼まれて、本当はやりたくない仕事だけれども、無下《むげ》には断れないために、その気持ちをさり気なく伝えようとして「一応やりますよ」と言う使い方です。嫌な言い方で、上司にはムッとされますが、意思表示はできるでしょう。

このような使い方をする人は、**自分の考えを曲げない、頑固な性格**といえます。人から指示をされたり、物事を任されたりすることを嫌います。

いずれの使用方法にせよ、これらの言葉は、言ったことをきちんとやってくれないのではないか、本当は自信がないからそう言うのではないかと、**相手を不安にさせる**要素を持っています。「一応」「とりあえず」が口癖となっている人は改めたいものです。

心理学トリビア　自己防衛反応の一種である五月病

新学期や入社の時期が1か月ぐらい過ぎたころ、無気力で勉強や仕事に身が入らない、集中力がなくなるなどの症状が出てくることを、一般的に「五月病」といいます。

これは、辛い現実から逃げたいと思う心が起こす自己防衛反応の一種といわれています。

「五月病」は俗称で、専門的には「アパシー・シンドローム（無気力症候群）」と呼ばれています。企業などに入社した新入社員が、ゴールデンウィーク明けごろから仕事をする意欲をなくし始めて、無気力になる場合は「サラリーマン・アパシー」、受験勉強を経てやっと入学した新入生の同様の症状は「スチューデント・アパシー」といわれます。

こうした状態になりやすいのは、非常にまじめで完全主義者、内気で孤立しやすい人。頑固で融通が利きにくい人もなりやすいようです。

一言で言ってしまえば、心が環境に順応できないことが原因です。この反応が出た場合には、具体的に何に順応できていないのかを特定し、それを改善していく方策を考える必要があります。

09

自己主張が強く、理屈っぽい

「だから」「つまり」

自分が一番正しいと思っている

「だから」は、自分の主張に続けて「だから、こうなるんです」と使ったり、相手が言ったことに対して、「だから私が言ったじゃないですか」と、自分がすでに言ったことを主張したりするときに使います。つまり、**自分の主張を強める言葉**です。

これが口癖の人は、何が何でも自分の言いたいことを伝えたいという自己主張が強い人です。**理屈っぽく、自分が一番正しい**と思っています。そして、それをほかの人にも認めてほしいと思っています。よく言えば、説得力があり、人を仕切ってまとめる能力のある**リーダータイプ**といえるでしょう。悪く言えば、上から目線で目立ちたがり屋、自分の考えを押しつけようとする、**自己顕示欲***が強いともいえます。

このような人は、「そうですね、あなたの言うとおりです」と認めてあげれば満足します。「へえ、そうなんだ」と納得した素振りを見せれば、話も早く切り上げられるでしょう。「でも、それってどうなの？」と反論してしまうと、あなたを論破しようとますます熱くなってしまうかもしれません。

ちなみに「だから」が口癖の男性はモテない傾向があります。女性が話しているときに割って入り、「だからさ」と言うと、「この人、早く話を切り上げようとしている、私の話がつまらないんだ」と思われてしまうからです。

＊**自己顕示欲**　自分を周囲や社会にアピールしたいという欲求。「自己主張」よりも、より欲求が明確になっている。悪い意味で使われることが多い。

「つまり」の連発は逆効果

「つまり」は、いろいろな要素を出しておいて、結論を言うときに使います。自分の主張をまとめ、論理的に話そうとします。これを多用する人は、本当に論理的に話を組み立てているかというと、必ずしもそうではありません。**うまく説明できないために、筋道が立っているように見せようとして、「つまり」を連発する**のです。しかし、「つまり」を連発することによって、話がわかりにくくなり、逆に説明を求められることになります。

理屈っぽい人の口癖

理屈っぽい人は、何が何でも伝えたいという強い意思を示すために、次のような言葉を頻繁に口にします。

10

自分で自分を定義する図太さ

「私って○○な人だから」

バリアを張って、逃げ道をつくる

「私って几帳面《きちょうめん》な人だから」とか「私って不器用な人だから」などと「私って○○な人だから」という言い方をされたことはありませんか。いったいいつごろからこのような言い方が使われるようになったのでしょうか。

そして、この言葉を聞いてイライラしたことはありませんか。「私は○○な人だ」と自分で自分を定義されたところで、「ああ、そうですか」と相手は思うだけでしょう。そうした自分の評価は自分でするものではなく、周囲や他人がするものです。「あの人、几帳面な人ね」とか「あいつ、不器用な人だから騙されやすいんだよ」といったふうに。

それを自分で評価するのですから、こういう人は相当に図太い神経をもっていると思われます。「私は几帳面だから、こんなところは我慢ならない」「私は不器用だから、こんな仕事はできない」とアピールして、一種のバリアを張っているのです。逃げ道をつくっているともいえるでしょう。

自分の性格を認めてもらいたい

こうした言動は、自分の性格について周囲の同意を得るために積極的に働きかけようとする行為です。これを自己確証フィードバック*といいます。「私はこういう性格だから」という言い方もあります。そう言われたら、相手はそれ以上何も言えなくなってしまうでしょう。

＊**自己確証フィードバック**　自分は自分が思っているタイプ通りの人間だということを確信し、周囲に同意（確証）得る行動を積極的に行うこと。

また、わざわざ「こういう人」と公言するのですから、「こういう人に見られたい」という欲求もあると思われます。

　しかし、実際は本人が言う「〇〇な人」という見解は他人の見解とは違っている場合が多いのです。人は程度の差こそあれ、自分自身の傾向や特徴をつかんでいますが、それが客観的な評価と一致しているとは限りません。

　「私って〇〇な人じゃないですか」と、自己定義を相手に確認するような言い方をする人もいます。そう言われたら、「そうだっけ?」「そうみたいね」と受け流しましょう。

実験

自己確証フィードバック行為の実験

実験方法

心理学者スワンとリードが女子学生に対して自己主張的かどうかのアンケートを行い、その結果のフィードバックが欲しいかどうかを見極める実験をしました。

1. 女子学生に自分が自己主張的か否かを判断してもらう。
2. 社会的問題についてのアンケートに回答してもらう。
3. 女子学生に下記内容を伝える。このとき、あなたの性格について聞くとき、どんな質問(自己主張的な性格の質問と控え目な性格の質問)がよいかと尋ねる。

この実験は男性と知り合いになる過程についての研究です。このあとに隣の部屋にいる男性と会ってもらいますが、事前に相手に被験者がどんな人か知らせるため、今回答えたアンケートと性格についての質問をしますので、隣の部屋に行きます。

結果

自己主張的な人 → 自己主張的項目の質問をしてほしい

自己主張的でない人 → 控え目な性格の質問をしてほしい

結論

自分の性格が確証できるような質問をされたい

＝

人からYesのフィードバックが欲しい

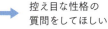

11

「○○みたいな」「なんか○○」

逃げ道を用意しながら話す、実は腹黒い「あいまい系」

話をあいまいに濁そうとする

気になる口癖に「○○みたいな」があります。「ねえ、これ知ってる？　○○みたいな」とか、あるいは「じゃあ、別れる？　みたいな」「ちょっとお茶しようか、みたいな」などと意味不明に「みたいな」を語尾につける人も多いのではないでしょうか。

「なんか」という言葉も頻繁に使われると耳障りです。「なんか、この料理おいしいよね」「なんか、今日は天気がいいよね」などと、「なんか」という枕詞《まくらことば》がないと話ができないのではないかと思われる人もいます。「なんか」は「何か」「何だか」「なぜか」という言葉に置き換えられますが、そうした言葉では意味がつながらない使い方が多いようです。

こうした言葉を多用する人には、**話をあいまい***に濁そうとする意図**があります。不安感が強く、相手の反応を気にしてお茶を濁そうとしているのではないでしょうか。はっきりものを言ってしまうと、突っ込まれるのではないかという不安、否定されたらどうしようという不安があるため、断定的な言い方を避けるのです。

逃げ道を用意する腹黒さ

また、こうした人たちは、**自己主張が苦手**で、相手に合わせようとする、争いごとを避けたい、人付き合いを円滑に進めたいと思っている傾向があります。

「みたいな」「なんか」を使うと、物事を穏や

＊**あいまい**　どちらか一方に決めることができない、どちらの意味にも取れるような状態。「疑わしい」という意味もある。

かに伝えられるような気がしているのです。しかし一方で、相手からはいつも**逃げ道を用意している**ように受け取られ、**実は腹黒い**人なのではないかと思われることもあります。

こういう人に対して「みたいなって何？　はっきりしてよ」と問い詰めてしまうと、さらに萎縮してしまうでしょう。聞き流すか、さりげなく確認してあげたり、方向性を示してあげるとよいでしょう。

同じようにあいまいに濁す言葉に「〇〇って感じ」「なにげに」「わりと」「ある意味」「〇〇っぽい」などがあります。

腹黒さがわかる口癖

「腹黒い」とは、陰険で、悪巧みを持っていること。本人はそのつもりでなくても、その口癖の裏に腹黒さが隠れているかもしれません。

「〇〇みたいな」

- あいまいな表現で、自分を「いい人」に演出する。
- 自分を「いい人」に見せて、有利な立場を手に入れる。

「なんか〇〇」

- 具体的な主張がない。
- 多くの人を味方につけるが、一番利益になる人がはっきりすると、それ以外の人を平気で裏切る。

「〇〇っぽい」

- 自分の考えや行動に自信がない。
- 状況に合わせて立場を変える。

「〇〇って感じ」

- 誰にでもよい顔をする八方美人。

12

「別に」「別にいいんだけど」

一言で相手を不安にし、周りから敬遠される言葉

一瞬にして相手を凍りつかせる

かつてある女優が、舞台あいさつで司会者に質問され、ふてくされて**「別に」**と答え、世間のひんしゅくを買ったことがありました。その後、この言葉がその年の流行語になったこともあります。

「気分でも悪いの？」「別に」

「明日、出かけない？」「別に」

「これをやってくれないか」「別に、いいけど」

この「別に」は、どれもいい意味で言った言葉には聞こえません。悪い意味で言ったに違いないけれども、どこが悪いのか、何が気にくわないのか、**意味がわかりません**。だからといって、「別にって、どういう意味？」と質問するのもはばかられるような**頑固さ**が見え隠れします。**この一言で相手を凍りつかせ、会話を中断させてしまう**のです。

この言葉を使う人は、意味不明なことを言って、**相手を不安な気持ちにさせようとする**意図をもった人か、あるいは無意識のうちにそうした反発心を演出しようとしているのかもしれません。

未学習のゆとり世代にありがち

「別に」を使うような人は、**「知らない」「聞いてない」「うっとうしい」**という言葉も使います。**マイペース**といえば聞こえはいいですが、**協調性に欠ける**タイプだともいえます。

ゆとり世代*の若者たちに多く、あいさつが苦

***ゆとり世代**　学習指導要領に「ゆとり教育」が盛り込まれた学校教育を受けた世代。だいたい1987年〜1996年生まれを指す。

手、TPOをわきまえたマナーが身についていない、といった特徴があります。

ゆとり世代に行われた**「ゆとり教育」**は、「生きる力」という概念とともに、それまでの教育を一大転換しました。教育者は「指導」ではなく「支援」に力を入れるようになり、できる限り子どもの個性を尊重し、自由に選ばせる「選択制」を重視しました。

その結果、支えられるだけで、大人から学ぶ機会が激減しました。マナーや礼儀を教えられることが少なくなったので、知らない（未学習）ままに大人になったといえるでしょう。

協調性に欠ける「ゆとり世代」

「ゆとり教育」を受けてきた「ゆとり世代」は、自分たちの個性と自主性を尊重されることが多く、あいさつやマナーなどの社会的生活を送るうえでの大切な事柄をしっかりと教えられてこなかったと考えられます。

戦　後

詰め込み型、暗記中心の教育

受験戦争：猛烈な上昇志向の教育が生まれる

↓

1980年代

バブル崩壊：世の中の価値観が大きく変わる

↓

1980年度

小学校で「**ゆとりカリキュラム**」開始

- 「ゆとりと充実を」がスローガン

↓

1992年度

新学力観教育開始（学習指導要領全部改正・施行）

- 学習内容・授業時数削減

↓

1998年度～

ゆとり教育の実質的な開始

- 学習内容・授業時数の削減
- 完全学校週5日制に
- 「総合的な学習の時間」新設
- 「絶対評価」導入

↓

「ゆとり世代」誕生

↓

2007年

ゆとり教育の見直しが始まる

↓

2011年

新学習指導要領に改正（2008年）。2011年に施行。**ゆとり教育の終《しゅう》焉《えん》**

13
「でも」「だって」

否定的な言葉を続けて、重箱の隅をつつくように文句を言う

言い訳の世界に引き込むD言葉

D言葉*ってご存知ですか。「でも」「だって」「どうせ」「だけど」「だったら」——最初の文字をローマ字表記に置き換えると、Dで始まります。これらの言葉のあとには、否定的な言葉が続きます。あなたを言い訳の世界に引き込む言葉です。

「今度新宿でお食事しない？」「でも、混んでるところは嫌だなあ」とか、「コンサートに行かない？」「どうせお金がかかるでしょ」などと、相手の話を否定するわけです。相手がいろいろと提案をしてきても、片っ端から難癖をつけていきます。そうなれば、相手も面白いはずはありません。そのうち、お互いに気まずい雰囲気になっていくのではないでしょうか。

こうした言葉が口癖になっている人は、きちんとした反対意見を述べるでもなく、重箱の隅をつつくように文句を言うタイプです。大筋では賛成なのに、小さなことにいろいろ反対意見を言います。また、陰で不平不満を言っているかもしれません。

また、これらの言葉を使って反対したからといって、自分が責任を取るといった姿勢は見えません。

特に「だって」という言葉からは、素直になれず、言い訳ばかりして、自分のことしか話さないという悪い印象を受けます。子どものころから両親に甘やかされてきた人に見られてしまいます。

＊D言葉　否定するニュアンスを含んだ言葉。D言葉をよく使う人は、相手を不快にさせるだけでなく、能力がない、やる気がないなど、評価も下がる。

共感・同調しつつ打ち消すことが大事

「でも」は否定する言葉であり、「だって」は責任転嫁の言葉です。これらが口癖になって会話のつなぎ目に、何気なく使ってしまう人は、次第に誰からも相手にされなくなってしまうでしょう。

また、そういう人を相手にしているあなた自身にもネガティブな意識がすり込まれてしまうかもしれません。そうならないためにも、相手のネガティブな意識に共感・同調しつつも、それを打ち消すよう働きかけることが大切です。

「でも」「だって」を使わない方法

「でも」「だって」は、相手を不快にさせます。断ったり、否定したりするときは上手に言葉を選びましょう。

NG 「でも ○○ 」

これを明日までに仕上げて
でも、今日は疲れているから…

GOOD 「すみません」と前置きしてから、具体的な解決策を提案

これを明日までに仕上げて
すみません、今日は体調が悪いので明日早く出社して、午前中に終わらせるというのでどうでしょうか？

14

当たり障りなく生きる追従型

「みんなと同じでいい」

横一列がいいという価値観

　グループでレストランに入り、食事を注文するとき、みんなに「何にする？」と尋ねると、**「みんなと同じでいい」**と言う人がいます。あるいは、話し合いの場で「何か意見はありますか？」と問うと、**「皆さんと同じです」**という人もしかりです。こういう人に対して、「自分の意見はないのだろうか」と疑問に思うことはありませんか。

　これは、**人と同じであることは善、人と違うことは悪、という価値観**が子どものころからすり込まれてきているからではないでしょうか。幼児・児童教育において、みんな横一列に平等がよいという価値観で教育されると、やがて考えない子どもになっていきます。集団の中で目立つことは決していいことではなく、「みんなと同じように行動していれば何とかなる社会」と考えるようになり、当たり障りなく生きるすべを身につけていきます。

　周囲に合わせることを教え込まれて育つと、自分から行動できなくなります。誰かが口火を切ってくれるのを待つのです。そして、周りの人の出方を見て、自分の出方を決めます。用心深く、賢いやり方ともいえるかもしれませんが、主体性のない、つまらない人間になってしまうでしょう。

　このようなタイプの人を、アメリカの心理学者**カレン・ホーナイ***は**追従型（自己収縮的依存型）**と名づけました。自分の意見がないにもか

＊**カレン・ホーナイ**　アメリカの精神科医。精神分析が男性中心で行われていることを批判し、フェミニズム（女性の権利運動）に影響を与えた。

かわらず、あとで「本当はこっちのほうがよかったのに」などと愚痴を漏らすのはこのタイプの人です。

協調性があり、人の意見に従う

よい面としては、**協調性**があり、周囲の人との和を大切にする人という見方もできます。あくまで判断の基準は自分以外の人に求め、他人の期待や規則に従います。つまり世の中の常識や親の言うことに素直に従う人でもあります。この場合も、従ったはいいけれど、うまく行かなかった場合、逆恨みする場合があります。

カレン・ホーナイの神経症的な性格分類

精神分析家ホーナイは、対人関係における距離のとり方から、神経症的な性格を以下の3タイプに分類しました。

自己主張型（自己拡大的支配型）

自分が優秀であることに誇りをもっていて、何かというと「自分が」と自己主張する。自慢話が多く、自己陶酔する完全主義者タイプ。自分が欲しいものに向かってアグレッシブ（積極的）に行動する。

追従型（自己収縮的依存型）

自己主張をせず、なるべく目立たないように行動する。人に勝つことを好まず、みんなで同じであろうとする。協調性があり、周囲との和を大切にする。自分を過小評価しがちで、他人の評価に影響されやすい。

遊離型（自己制限的あきらめ型）

自分の人生に無関心で、他人との間に壁をつくり、人と関わろうとしない。期待しても失望するだけだと、自分から積極的に何かをすることはない。競争や成功を避ける。「どうせ」という言葉がよく出る（➡ P96）。

15

「どうせ」

自己愛がなく、自己制限的あきらめ型

周囲をうんざりさせる言葉

「どうせ」という言葉のあとには、「できない」とか「無理」といったマイナス思考の言葉が続きます。「どうせ年だからパソコンなんてできなくて当然」「どうせ私はみんなから嫌われているし」という具合です。

この言葉は、聞いた人を嫌な気分にさせてしまいます。また、この言葉を使うことで、自分から人に愛されないようにしているともいえます。「私は愛される価値などない」と自分で言っているようなものです。つまり、**自己愛***がないともいえるでしょう。

「どうせ」と言う言葉には、「もう年なんだから、パソコンができなくて当たり前、だから優しくして」という**依頼心**も見え隠れします。こういう人に限って、逆にお年寄り扱いされて優しくされると猛然と怒り出したりするものです。

人生に無関心で、現実から逃避

また、自分の**人生に対して無関心**なタイプもよく「どうせ」と口にしています。期待することは失望の元だから、何かを期待したり、望んだりしないようにしているのです。自分からは積極的に何もしないほうが安全だと考えている節もあります。

つまり、**消極的で、現実逃避的**な人生を歩むタイプです。周囲からは、「何が楽しみで生きているのかしら」などと思われているかもしれません。

＊**自己愛**　自分が大事という考え方。フロイトは自己愛は子どもが発育していく上で生じる必然的なものとした。自己愛が強い人はナルシスト(➡P70)。

このように、自分の人生に対して無関心なタイプをアメリカの精神分析家**カレン・ホーナイは自己制限的あきらめ型（遊離型）**と呼んで分類しました（➡P95）。

イソップ物語に出てくる「酸っぱいブドウ」では、キツネがおいしそうなブドウを見つけ、取ろうとして飛び上がりますが、何度挑戦しても届きません。そこでキツネは、怒りと悔しさから、「どうせこんなブドウは酸っぱくてまずいに違いない。誰が食べてやるものか」と捨て台詞《ぜりふ》を吐きます。

目的や欲求が達成できないために、現実と欲求とのギャップを埋め合わせようと、自分に都合のいい理屈を考え出したのです。これを**「酸っぱいブドウの論理」**といいます。

「どうせ」という言葉を吐いた時点で、一連の出来事を誰かのせいにしたくなる、あるいは何かのせいにしたくなるといえるでしょう。人から愛されるためにも、自分を愛するためにも、この言葉を使わないようにしましょう。

心理学トリビア 学習性無力感 ——サーカスの象の物語

長い期間、困難な環境に置かれた人が、その状況から逃れようとする努力を行わなくなる状況を「学習性無力感」といいます。

学習性無力感の説明としてよく引き合いに出されるのがサーカスにいる象の物語です。

玉乗りをしたり逆立ちをしたりするサーカスの象は、からだが大きく力も強いので、逃げようとすれば逃げられるはずです。しかし、まだ力のない子象のころから、ずっと頑丈な杭にロープでつながれ、毎日暴れても逃げられないことを経験していました。

そのうちに子象は「この杭はもう抜けない。どうせいくら頑張っても逃げられない」と思うようになります。

その気持ちを抱えたまま大人の象になり、簡単に杭を抜ける力が備わっているにも関わらず、「どうせ無理に決まっている」と、何も行動しない無気力な性格になってしまいます。

人間もサーカスの象と同じで、子どものころから頑張ってもうまくいかないことを経験すると、消極的な人生を歩んでしまうのです。

16

同調性と社会的証明の心理

「みんなが言っている」「みんながやっている」

自分の意見をほかの誰かに責任転嫁

話が盛り上がっているときに、よく出てくるのが**「みんな、そう言っているよ」**という言葉。そう言われると、「そうなんだ」と妙に納得してしまうし、信用してしまうのではないでしょうか。しかし、よく考えてみると、この「みんな」とはいったい誰のことを指すのでしょうか。そのことに対して疑問をもったことがある人もいるかもしれません。

同じような言葉で**「みんながやっている」**というのもあります。「そんなことをしたら恥ずかしい」と親に言われたら、「だって、みんなやっているよ」と答える子ども。

「みんなが言っている」「みんながやっている」は、**自分の意見をほかの誰かに責任転嫁する**ことができる便利な言葉です。周りの人間がやっている人並みな言動だから自分も言ってもいい、やってもいいと考えるのです。特に日本では協調性や同一性が大切だという考え方があります。不特定の誰かが言っている、やっているという言葉に安心を感じます。このような心理を**同調性***といいます。

「みんなって誰？」と問い返してみよう

この2つの言葉は、セールスでもよく使われます。「皆さんが使っています」「皆さんが素晴らしいと言っています」。この言葉にコロリと騙されて、「じゃあ、私も使ってみよう」と思ってしまうのです。

＊**同調性**　周囲に同調する傾向のこと。ラーメン店の前に行列ができていると、そこに並んででも食べたくなる心理も同調性の1つ。

このとき、自分自身の判断で意思決定したのではなく、周囲の行動に影響されて判断したことになります。こうした心理を利用したテクニックを**社会的証明***といいます。

同調性や社会的証明のテクニックに影響を受けやすいのが女性です。援助交際や不倫がある種のブームになったのも、「みんながやっている」という心理が影響したと考えられます。

周囲の影響から身を守るには、**「みんなって誰?」**と相手に聞いてみてください。きっと言葉に詰まってしまうはずです。「みんな」の実体はなく、幻想であることがわかるでしょう。

「赤信号、みんなで渡れば怖くない」

「赤信号、みんなで渡れば怖くない」という言葉は、悪いことも大人数でやれば大丈夫だという甘い考え方を表している言葉です。ビートたけしが使って有名になりました。

1 赤信号
すぐに渡りたいが、赤だから渡ってはいけない。

▼ **理性と抑圧**

2 隣の人が、赤信号なのに渡り始めた
私は渡りたかったが我慢している。そこに我慢せずに渡る人が現れた。

▼ **心理的同調**
「私ができなかったことを、この人はやってくれた」

3 私の願望が実現された
だったら、自分も我慢する必要はない。

▼ **理性の破壊、抑圧からの解放**

4 彼が渡ったから、自分も渡った
不当行為だって大丈夫!

▼ **行為の正当化**

＊**社会的証明**　個人の意見の妥当性を証明すること。例えば、昨今、同性愛者が一般に認知されてきたことも社会的証明によるものといえる。社会的地位を確立してくると、カミングアウトもしやすくなった。

17

自分自身への言い訳も用意している（セルフ・ハンディキャッピング）

「しかたがない」「しょうがない」

自分自身を慰めるときに使う

「しかたがない」「しょうがない」* は、**人をけなすときにも、慰めるときにも用いられる言葉**です。「あなたに言ってもしかたがないから言わない」とか、「仕事の付き合いだから、しょうがないね」などと使います。あるいは、男性が女性の頼み事に対して、**照れ隠し**で「俺を頼ってくれてうれしい」という照れ隠しに「しかたないなあ」と使うこともあります。

一方、**自分自身への慰めとして「しかたがない」「しょうがない」を使う**こともあります。自分の行為に対してこの言葉をよく使う人は、**失敗したときの自分自身への言い訳を用意していることも多い**のです。例えば、試験当日に「全然勉強してないんだ」と言っておけば、実際に不合格になっても、「しょうがないよ」と自分にも人にも許してもらえるかもしれません。

このように、ある課題を遂行するとき、その結果の評価をあいまいにするために、遂行の際に生じる障害（**ハンディキャップ**）を自らつくり出しておく行為を**セルフ・ハンディキャッピング**といいます。すなわち、失敗した場合にはその障害のために失敗したと主張でき、逆に成功した場合には、障害があったにも関わらず成功したと自慢することができます。

このような**予防線**を張る人は、自分に自信がもてないことをしようとする人です。また、気が弱く、覚悟の足りない、情けない人という印象ももたれてしまうでしょう。

*しょうがない 「しよう（仕様）がない」が変化したもの。日常的で軽い感じがするので、公的な場面では用いないほうが無難。クスという。

自分を守るための セルフ・ハンディキャッピング

セルフ・ハンディキャッピングとは、自分自身にハンディキャップをつけること。
自我を防衛するための反応です。
以下にセルフ・ハンチキャッピングの例を紹介します。

不利な状況をつくり出す

- できそうもない難しいことを引き受ける。
- 厳しい条件を受け入れる。
- 不可能な目標を設定する。

自分の心の問題をあえて口にする

- 「任務を遂行できる自信がない」
- 「体調が悪い」
- 「やる気が出ない」

環境のせいにする

- 「任務が困難すぎる」
- 「スケジュールが厳しすぎる」
- 「報酬が少なすぎる」
- 「自分への評価が低すぎる」

自分の心の中に閉じこもる

- お酒の力を借りる。
- 薬物に手を出す。
- 努力を怠る。
- 任務を忘れたふりをする。

18 ウソをつくのが平気

人間関係を築くウソもあれば、罪つくりなウソもある

意識的な虚偽の発言

ドイツの心理学者***シュテルン**は、**「ウソとは、騙すことによって、ある目的を達成しようとする、意識的な虚偽の発言（口述）である」**と定義しています。そして、ウソをつく人には、次のような特徴があるとしています。

①**虚偽の意識**がある。自分の言っていることが事実と違っていることを承知している。

②**騙す意図**がある。また、故意に、計画的に、本当のように装って言いくるめようとする。

③**騙す目的がはっきりしている**。罪や罰を逃れたり、**自己防衛**しようとしたりする目的がある。この目的は利己的な動機から出ているのだが、時には利他的（他人の利益のために自分を犠牲にする）な動機から出ることがある。

よいウソと悪いウソ

ウソには、人を傷つけないためにつく「よいウソ」と、騙して傷つける「悪いウソ」があります。また、ウソをつくのはよくないと子どもは教えられて育ちますが、**依存対象だった親から自立することができるのは、子どもがウソをつけるようになったとき**ともいわれます。一口に「ウソ」といっても、非常に奥が深いといえるでしょう。

例えば、悪気のないウソをしばしばつく人がいます。相手に好かれようとして、相手に合わせるために、自分の本当の気持ちや感情を曲げてウソをつく場合もあります。つまり、よりよ

＊**シュテルン**　ベルリンの大学でエビングハウスに師事。人格についての研究が主。また、発達における輻輳《ふくそう》説、知能指数（IQ）の指標も提唱した。

い対人関係を築くために、**コミュニケーションの潤滑油としてのウソ**をつくのです。

同じく気に入られるために、**自分を大きく見せるウソ**をつく人も多いのではないでしょうか。「私は独身です」「私の父は大学の教授です」などのウソは、**「偽り」**であり、**詐欺師**がよく使う手段です。

ヒステリーの人に見られる虚言症

一方、**「病的虚言癖」**といわれるものもあります。何の得にもならないのに、次から次へとウソをつく場合です。「俺さあ、彼女が5、6人いて、曜日ごとに違う女とデートしてるんだ」とか、「きのうも政治家の秘書と食事した」などと豪語したりします。

こうした虚言症の人は、事実ではないことを、さも事実であるかのように思い込んで話すのです。**空想と現実を混同**していたり、**過去や未来の話、願望などが混同**していたりします。

虚言症は、しばしば**ヒステリー性格**の人に見られるようです。ヒステリー性格には、虚栄心が強い、自己中心的、暗示にかかりやすい、子どもっぽい、意志が弱い、流行に敏感、浪費家といった特徴があります。

心理学トリビア 自虐的な謙遜に隠されたウソ

訪問先で手土産を渡すとき、「つまらないものですが」と言いながら差し出すことがあります。これは、謙遜として相手を立てる贈答の一種の様式です。

一方、「私はどうせダメな人間だから」とか、「僕は影が薄いんだよ」などと言う人が卑屈で、魅力的に見えないのはなぜでしょう。それは、その自虐的な言葉の裏に、まったく別の心理が見え隠れするからです。

自ら欠点を口にする人は、その裏返しに内心では「自分はみんなより優れている」「実は僕はみんなから一目置かれている」ということをアピールしたくてたまらないといえるでしょう。

ウソを見抜く方法

ウソをつくと、態度や会話に変化が現れることが多いようです。
本音を隠そうとごまかしても、無意識のうちに現れてしまうのです。
その変化をキャッチして、相手のウソを見抜いてみましょう。

表情・顔の動きから見抜く

しきりにまばたきをする

ウソをつくという緊張状態になると、無意識にまばたきの回数が増える。

表情が硬くなる

注意が過去に向けられていて、過去の出来事を今まさに体験しているかのように思い出している状態。

女性は（男性に対してウソをつくとき）相手を凝視する

視線には「好意を伝える」という意味がある。女性はウソがばれないように、一生懸命にウソをつこうとして、視線を合わせる。

男性は相手の視線を避けようとする

隠し事をするときは、相手の視線を避け、目を合わさないようにする。口でウソを言っても、目までウソを貫き通す自信がないため。

からだの動きから見抜く

手の動きを抑えようとする

手の動きを通して、本心を見抜かれないようにする。

例
- 腕を組む
- ポケットに手を入れる

からだ全体が落ち着きなく動く

その場から逃げ出したいという気持ちを抑制しようとしている。

例
- もじもじと頻繁に姿勢を変える

手で顔を触れる動きが多くなる

口を隠すためのカモフラージュ。

例
- 頬をこする
- 耳たぶを引っ張る

電話で話すとウソがばれやすい

相手に直接向かい合って話すときは、手の動きや表情などで相手を惑わすことができるため、ウソがつきやすいといえます。

一方、電話で話す場合は、顔が見えないため、話に集中しなければならず、話の矛盾点や間違いに気づかれやすくなります。

会話から見抜く

話を手早く終わらせようとする

ウソをつくことに気を取られて、返事が短くなったり、矢継ぎ早に話したりと、話に柔軟性がなくなる。

会話が途切れないようにすばやく応答する

気まずい沈黙が続くとウソがばれるのではないかと不安になり、応答が早くなる。

人はこんなときにウソをつく

大人がどんな場面で、どのようなウソをついた経験があるかを調査したデータがあります。その調査結果を分析すると、ウソの内容は次の12のタイプに分けられました。

1 予防線

予測されるトラブルを避けようとするウソ

真実がトラブルを招く恐れがあるときにつくウソ。

2 合理化

失敗を責められたときにもち出す言い訳や口実のウソ

守れなかった約束や時間に遅れた理由などを説明するためにつくウソ。

3 その場逃れ

一時しのぎのウソ

その場から逃れたくて、していないにも関わらず、「した」ととっさについてしまうウソ。

4 利害

自分を有利にするためのウソ

金銭が絡んでいる場合など、相手よりも自分が有利になるためにつくウソ。

5 甘え

自分を擁護《ようご》してもらうためのウソ

自分を感情的に理解したり、または味方についてもらいたいという意図をもってつくウソ。

6 罪隠し

悪事を隠すためのウソ

自分がしてしまった悪いことを隠そうとしてつくウソ。

7 能力・経歴

自分を優位に立たせようとするウソ

自分の能力や経歴を、相手より高く、あるいは低く言うウソ。

8 見栄

自分をよく見せたり、目立たせるためのウソ

恋人がいないのに「いる」と言ったり、テストの成績がよくなかったのに「よかった」と言ったりするウソ。

9 思いやり

相手を思いやってつくウソ

真実を話してしまうと、相手が傷つくと思われる場合に、それを避けようとしてつくウソ。

10 引っかけ

からかい、冗談の類のウソ

ウソがばれても、お互いに笑ってすませられるようなウソ。

11 勘違い

知識不足や勘違いから生まれるウソ

間違って覚えていたことを本当のことと思って言ったり、悪気がなく、勘違いしてつくウソ。

12 約束破り

約束したことを守らないウソ

約束を守れなかった理由には、意図的なものと、そうでないものがある。

PART 3

行動・態度からわかる心理

01

メールの返事が遅い

主導権を握りたいときは、意図的に遅らせることも

返信の遅さが怒りを招く

今や、**メールやSNS**は、電話に並ぶ連絡手段になりました。仕事やプライベートはもちろんのこと、最近では、学校から保護者に向けた一斉連絡などにも使われています。

日常生活に欠かせないものとなったメールやSNSですが、トラブルを招くことも多々あります。インターネット協会*が過去に実施したルールとマナーに関するアンケートによるとメールでのトラブル原因の第1位は、「言葉の行き違い」で38%、2位が「メールの不達（宛先ミスを含む）」で18%、3位が「メールの遅延」で13%でした。

確かに**メールの返事がなかなか来なくてイライラ**した経験のある人は多いことでしょう。仕事のメールならば催促することもできますが、そうでない場合、返事を急《せ》かすことははばかられます。やがて、「どうして返事をくれないのか」「もしかして、気分を害するようなことを書いてしまったのか」といった不安も抱くようになっていきます。

返信を意図的に遅らせることもある

さて、実際のところはというと、**「うっかり忘れていた」ケース**がほとんどのようです。忙しくてつい、というパターンや、落ち着いて書こうと思っているうちに時期を逃してしまった、なども見られます。**待つ身と待たせる身では、同じ時間でも感じ方が違う**のだということは知っ

＊**インターネット協会（ISOC）**　インターネットの使用とアクセスの振興に関する国際組織。日本支部は〔財〕インターネット協会（IAjapan）。

ておいたほうがよさそうです。

ただ、中には**意図的に返事を遅らせることも**あります。２人の関係において**主導権を自分が握っていたい場合など**です。例えば「一緒に食事でもしませんか？」というデートの誘い。相手がやきもきしながら返事を待っていることを承知で、しばらく無視していたとします。相手は返事がなかなか来ないので、不安を募らせていきます。そこにやってきたＯＫのメールは、すぐにＯＫをもらう以上にうれしいはずです。

このように、**メールを利用して相手の気持ちをコントロールすることも可能**なのです。

メールの返信が遅いのはこんな人

メールの返信が遅れると、「ないがしろにされている」と感じることがありますが、大抵は深い意図がないことが多いようです。

忙しくて、なかなか時間が取れない
メールのやり取り自体が嫌い
メール操作に慣れていない
メールの優先度が低く、返信することを重要だと思っていない
2人の関係性において、主導権を握りたい

02 片づけが嫌い、できない

度が過ぎる場合はAD／HDの疑いも

生活に支障をきたす場合はAD／HD？

「なくし物が多い」「探し物に時間がかかる」「集中できない」「イライラする」など、片づけられないことのデメリットは、数え上げればキリがありません。きれいに片づいた部屋の快適さは、誰もがわかっていますが、現実にはなかなか片づけられない人が多いようです。

生活に支障をきたすほど片づけができない人の場合は、**注意欠陥・多動性障害（AD／HD）***が疑われます。この障害をもつ人は、**集中力が続かず、衝動的に思いついたことを始めます**。健常者は、たとえほかの何かに気を取られることがあっても、今、何をしなければいけないか、優先度を考えて行動ができます。ところがAD／HDでは、片づけている最中に衝動的にほかのことを始めてしまうため、片づけを最後まで終えることができず、あちこちが散らかったままということになってしまうのです。

優柔不断も片づけ下手の一因に

「病的なレベルではないが、片づけが苦手」という人もいます。そうした人たちに共通しているのは、**決定を先延ばしにする**ということ。「捨てようか、どうしようか」と迷うとき、即決できず、「とりあえず」取っておくという道を選びます。「とりあえず」取っておいた物は、「ほぼ永久に」取っておかれることになり、結果として物があふれてしまうのです。

こうした場合は、**マイルールをつくる**という

＊**AD／HD**　幼少時に発症する発達障害。不注意・多動性・衝動性の3つを中心的な症状とする。座って授業を受けられないなど。

のが1つの解決策になるでしょう。「捨てるか捨てないか悩んだら、捨てるほうを選ぶ」「買うか買わないか迷ったら、買わないほうを選ぶ」というように決めておくのです。

一方、**完璧主義の人も片づけに手をつけられなくなることが多い**ようです。「やるからには徹底的にやらなくては」と思い込んでいるため、始める前から気力が失せてしまうのです。そのような人は、いきなり大きな目標を掲げるのではなく、「この引き出しだけ」といったように、小さな目標を設定すると達成感を得やすく、片づけが継続しやすくなります。

片づけられないのはこんな人

生活に支障をきたすようならAD／HDが疑われますが、単に「整理整頓が好きではない」レベルなら、次のような性格が考えられます。

優柔不断

「捨てる、捨てない」の判断ができない

完璧主義

完璧に片づけるには大変すぎて、片づける前から疲れてしまう

心に余裕がない

散らかっていることにすら気がつかない

家庭環境

母親が同じように片づけができないタイプで、片づいている状態のモデル像がない

捨てることへの罪悪感

「物を大切にしなさい」と厳しくしつけられたため、捨てることに罪悪感がある

03

欲しいものは何でも手に入れたがる

価値ある存在と認められたいという欲求の現れ

人間の欲求には5つの段階がある

今、あなたにとって一番の願いは何でしょうか。恋人がほしい、昇進したい、受験に合格したい、有名になりたい……。人により実にさまざまです。**願いは「欲求」とも言い換えることができます**。人間の欲求は、それこそ星の数ほどあって、あなたの周りにも何でも手に入れられる人、1つ手に入れると次のものを手に入れたくなる人がいるのではないでしょうか。

アメリカの心理学者**マズロー**[*]は、そうした人間の欲求を、左図のような5つの階層に分けて考えました。欲求は、階層が低いものほど強力で、**低次の欲求が満たされるに従って、高次の欲求を感じるようになる**とマズローは主張しました。

少なくとも現代の日本では、**「生理的欲求」**や**「安全の欲求」**が満たされないという人は少数でしょう。健康な人であれば**「愛情と所属の欲求」**を求め、それが満たされれば、さらに高次の**「承認の欲求」**に目が向くようになります。集団に所属し仲間を得ると、次は、自分がその**集団の中で価値ある存在と認められたい、称賛を得たいという欲求が芽生えてきます**。

例えば、あなたの周囲に、しきりと目立ちたがる人がいるなら、「承認の欲求」が満たされていないからと考えられます。あなた自身が抱いている欲求不満も、5つの階層のいずれに当てはまるかを意識すると、また違った角度から自分を眺めることができるかもしれません。

＊**アブラハム・マズロー**　人間性心理学の生みの親とされる。欲求5段階説は自己実現理論とも呼ばれ、経営学などの分野にも活用されている。

マズローの欲求5段階説

マズローは、人間の欲求を次の5つの階層に分け、下層の欲求が満たされると、1つ上の階層の欲求が芽生えるというように、欲求はステップアップしていき、最終的には、自己実現の欲求に向かっていくと考えました。

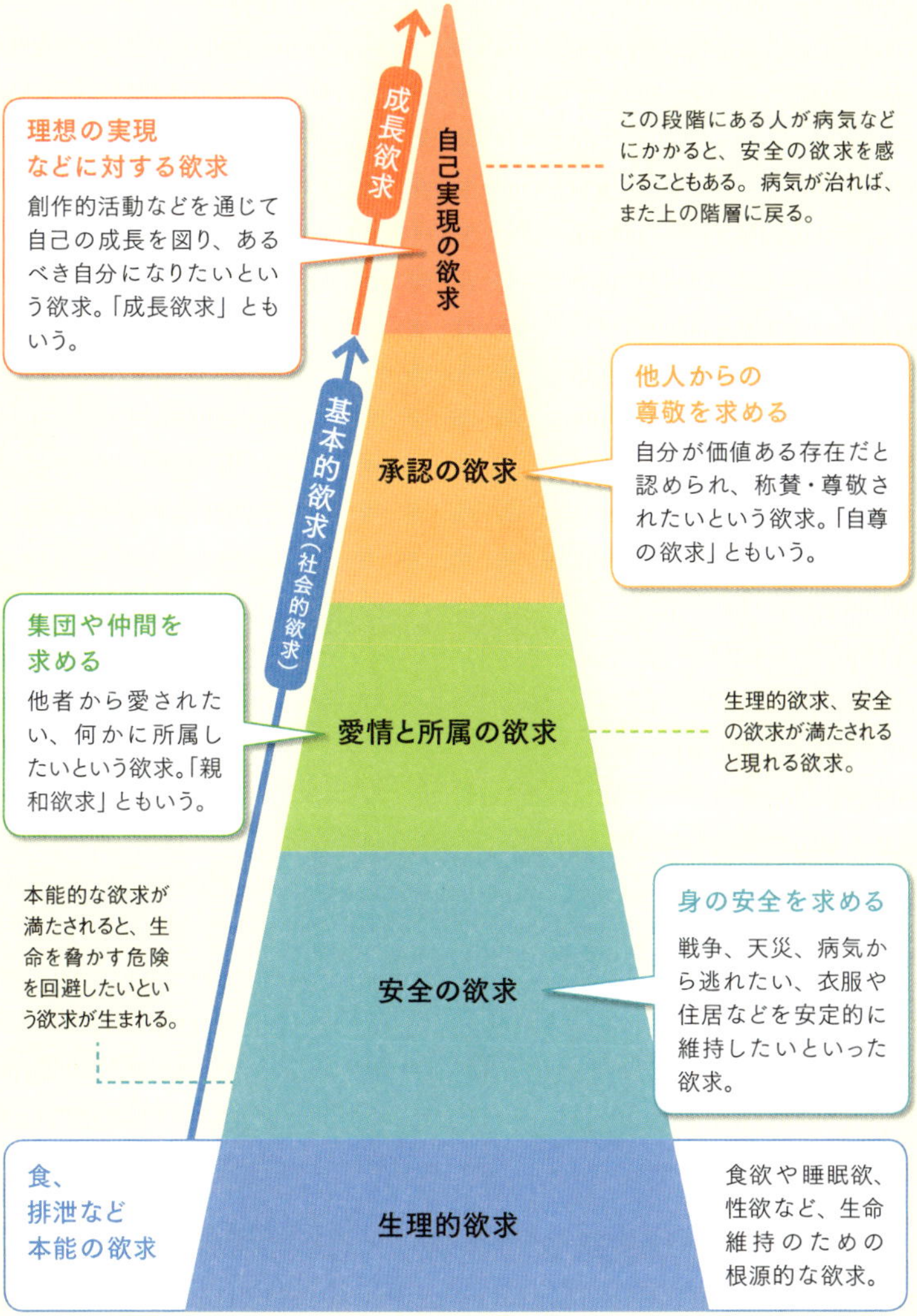
成長欲求
基本的欲求（社会的欲求）
自己実現の欲求
理想の実現などに対する欲求
創作的活動などを通じて自己の成長を図り、あるべき自分になりたいという欲求。「成長欲求」ともいう。
この段階にある人が病気などにかかると、安全の欲求を感じることもある。病気が治れば、また上の階層に戻る。
承認の欲求
他人からの尊敬を求める
自分が価値ある存在だと認められ、称賛・尊敬されたいという欲求。「自尊の欲求」ともいう。
愛情と所属の欲求
集団や仲間を求める
他者から愛されたい、何かに所属したいという欲求。「親和欲求」ともいう。
生理的欲求、安全の欲求が満たされると現れる欲求。
安全の欲求
本能的な欲求が満たされると、生命を脅かす危険を回避したいという欲求が生まれる。
身の安全を求める
戦争、天災、病気から逃れたい、衣服や住居などを安定的に維持したいといった欲求。
生理的欲求
食、排泄など本能の欲求
食欲や睡眠欲、性欲など、生命維持のための根源的な欲求。

04

自分の人生を誰かに肯定してもらいたい

知らない人に身の上話をしたがる

見ず知らずの人に身の上話をする老人

電車でたまたま隣り合わせた見ず知らずの老人が、人生の思い出話をし始めたという経験はないでしょうか。「在職中は重要なポストを歴任したものさ」「若い頃は美人と言われて、これでもけっこうモテたのよ」「実家が裕福だったから、ハイヤーに乗って銀座に買い物に行ったものだわ」。**富や成功にまつわる物語*が多い**のもこうした話の特徴です。

タクシーの車内で、病院の待合室で、老人ホームのロビーで、シチュエーションは違っても、同じような会話がしばしば繰り広げられています。彼らは、なぜ**見ず知らずの人に自分の人生を話したがる**のでしょうか。

平凡な人生を「物語」に仕立てる

人生の終盤に差しかかると、自分の一生はこれでよかったのだろうかという不安がよぎり、**誰かに話して肯定してほしいという思いが募る**ことがあります。そのとき、**無意識のうちに、多少の誇張や脚色を加えてしまう**のです。その気持ちは、わからなくもありません。たった一度の人生は、ほかの誰の人生とも違う、自分だけの特別なものであってほしいのです。

それには、見ず知らずの人のほうが話しやすいというのはうなずけるのではないでしょうか。身内や知り合いは、その人にとっての現実であり、そういった人を相手に自分の人生を物語に仕立てにくいのです。身内に話せば、「おばあちゃ

＊**物語**　文章としてのまとまりをもつ話。ストーリー。語り手が他人に向かって語る、叙事的な内容の作品をいう。「つくられたお話」であることが多い。

んときたら、また、そんなホラ話をして」と、あしらわれかねません。

このように、見ず知らずの人を相手にしたほうが自分の人生を語りやすいことを、**通行人効果**、あるいは**老水夫効果**といいます。老水夫が昔の冒険譚《たん》を語っているシーンのイメージから生まれた言葉です。

今日も、タクシーの車内では、「俺が部長になったとたんに業績が伸び始めて…」「それはすごいですね」といった会話がなされているかもしれません。タクシー運転手は、さぞや多くの人生を垣間見ていることでしょう。

コールリッジの『老水夫行』

イギリスの詩人サミュエル・コールリッジと、やはり詩人のウィリアム・ワーズワースが匿名で出版した『叙情歌謡集』の巻頭を飾った詩が『老水夫行』。ここに老水夫効果の象徴的な物語が描かれています。

『老水夫行』

～7部625行からなる長詩のあらすじ～

老水夫が、結婚披露宴に招かれて向かう3人の若者の1人を呼び止め、自分のたどってきた航海のことを語ります。若者は老水夫の不思議な話に聞き入ります。

かつて、老水夫の乗った舟が嵐に遭遇し、南極近くの氷の海を漂流していると、1羽のアホウドリが寄ってきました。彼はその鳥を射殺したため、呪いがかかり、舟は赤道直下で停止してしまいます。のどが渇き、舟の周囲には鬼火が飛び交い、亡霊船も現れます。そして、ついに彼以外の水夫は全員死んでしまいました。

老水夫は孤独と後悔の念に苦しみましたが、ある晩、月光に輝く美しい海蛇を見て祝福すると、呪いから解放され、帰国することができました。

その後、彼は懺悔《ざんげ》の旅に出て、神やすべての生き物を敬うことを説いて回ったのです。

05 引きこもり、ニートになる

怠けているようで、焦燥感や不安感に苦しんでいる

100万人ともいわれる引きこもり

引きこもりとは、「6か月以上、自宅や自室に引きこもったまま、学校や会社などに行かず、社会参加をしていない人」のことを指します。親しい人間関係が自分の家族に限定された環境で生活している状態ともいえるでしょう。

引きこもりと呼ばれる人は、年々増加の一途で、今や全国で50万～100万人と推定されます。かつては**10～20代の若者**が主流でしたが、最近は、40代以降にまで広がりを見せるようになってきました。

引きこもりには、その原因によって2つのタイプがあります。1つは、**うつ病や神経症、学習障害***などの**精神疾患**が原因で引きこもりになっているケース。病気のために社会参加ができない状態です。この場合、幻覚や妄想などを伴うこともあります。

そして、もう1つ、**精神疾患が原因でないケース**があり、一般に引きこもりというとき、こちらを意味することが多いようです。**6～8割を男性が占め、高学歴の家族が多い**のも特徴となっています。

働きたくても働けない場合も

ニートとは、「学校に通学せず、独身で、収入を伴う仕事をしていない15～34歳」を指します。2005年に内閣府が発表した調査では、ニートに分類される人が約85万人いました。**学生時代の挫折や、社会人になるときのさまざま**

＊**学習障害**　LD（Learning Disorders）ともいわれる。知的発達に遅れはないが、読み書きや計算、運動などのある特定の分野で困難を伴う状態。

なギャップに対応できず、ニートになるケースが多いようですが、中には、ケガや病気などで働ける健康状態にない人や、日本語を母国語としないため就職が難しい人、学校に通えるだけの経済力がない人たちもいます。

引きこもりとニート。両者に共通しているのは、「怠けている」「甘えている」という否定的なニュアンスで語られる点です。しかし、いずれも**不安感や劣等感をもっており、それが理由で社会参加が難しくなっている**現状もあります。家族間で解決を焦るよりも、専門家のサポートが有効なことが多いようです。

引きこもりの特徴

引きこもりになる理由は百人百様です。以下に挙げた特徴が必ずしもすべての人に当てはまるわけではありません。また、いじめや不登校の経験者であっても、引きこもりにならないケースも多く見られます。

- いじめや受験の失敗など、引きこもりの引き金となるような体験がある。

- 20代後半までに始まり、6か月以上自宅に引きこもった状態が続いている。
- 80%以上が不登校経験者で、それが長引く形で始まっている。

- 昼と夜が逆転した生活をしていたり、不眠に陥っている場合もある。

- 対人恐怖や不安感などに苦しんでいる。
- 家庭内で暴力をふるうこともある。

- 引きこもっている状態に焦燥感や劣等感をもっている。

06

ネット上で書き込みをする

人間関係は苦手だが、誰かと親しくありたいという矛盾を解消

世間を騒がせたカンニング事件

過去に、**インターネットの質問サイト***を使った**カンニング事件**がありました。大学の入学試験の最中に、試験問題を携帯電話からサイトに投稿し、正解を教えてもらっていたというものです。

もちろん、教えた側はそれが入試問題とは思っていなかったでしょうから、ある意味では彼らも被害者といえるかもしれません。

この例に限らず、インターネット上では、**無償の情報提供**が数多く見られます。ブログのコメント欄や掲示板への**書き込み***は無限**で、そこでは多くの人たちが、自分の時間と労力を費やしています。何の見返りもないのに、なぜ彼らは書き込みをするのでしょうか。

ネットの中で自己顕示欲を満たす

もちろん、純粋に「知っていることを教えたい」という親切心もあるでしょう。一方で、専門的な内容の質問であれば、知識を披露して**優越感**を満たしたいという場合もあるかもしれませんし、また、人生相談のような質問であれば、自分の人生論を語りたいという場合もあります。

こうしたサイトや掲示板は**常連が多く、一種のコミュニティになっている**という点も重要です。その**仮想空間**で、文字を介したやり取りを楽しみ、**自分の存在を誰かにアピールしたい**という欲求を満たしているのです。

＊**質問サイト**　質問を投稿すると、それに対して不特定多数の人が回答してくれるコミュニティサイト。「Yahoo！知恵袋」「OKWave」など多数。

現代人は、**人間関係は苦手でも、誰かと親しくありたいという矛盾した思い**を抱えています。それを満たしてくれる便利なツールがインターネットのコミュニティです。

参加も不参加も自由という気楽さ、現実とは別の人格になることも可能という独特の世界は、これまでの対面式のコミュニケーションにはないものでした。ネットの中のほうが、現実より居心地がいいと感じる人は多く、そういった人がインターネットのコミュニケーションにハマっていきます。その一方で、多くの問題をはらんでいるのもご存知の通りです。

人を残酷にするネットの匿名性

はっきりとした証拠が残らず、責任を追及される恐れがないという状況だと、人は攻撃的になる場合があることが実験により明らかになっています。ネット上では、こうした匿名性が原因となるトラブルが多発しています。

荒らし

「荒らし」と呼ばれる悪意のある書き込み。2ちゃんねるなどの巨大掲示板に多く見られる。

炎上

偶発的な感情の行き違いで、ブログや掲示板が「炎上」する。それによって、ブログが閉鎖されるということもしばしば。

過度に人をとがめたり、罵ったりするのも、匿名性ゆえのこと。攻撃する側は、いくらひどい言葉を浴びせても自分に被害が及ばないことをわかっているが、攻撃される側は、激しい非難の言葉をまともに受け、心を病んでしまうこともある。

＊**書き込み**　電子掲示板に意見や情報などのメッセージを記入すること。その発言や行動に反応して、批判や非難のコメントやトラックバック（記事引用）が集中して寄せられている状態を「炎上」という。

07

いつも後ろの席に座ろうとする

好きなものには近づき、苦手なものからは遠ざかろうとする

物理的な距離と心理的な距離

自由席の授業や講演会などに参加したとしましょう。あなたはどこに座りますか。教壇から離れた後ろのほうでしょうか。それとも前のほうでしょうか。その授業や講演の内容によっても変わるかもしれません。では、もし好きな歌手のライブだったら、どの席を選びますか。少しでも前の席を獲得しようとする人が多いはずです。

心理学では、**対象と自分との物理的な距離と心理的な距離は比例する**という説があります。簡単に言えば、好きだったり興味があったりするものには近づき、嫌いだったり興味がないものからは遠ざかるということです。後ろの席に座るのは、目立ちたくないという気持ちのほかに、こんな心理も隠れているのです。

「この人と親しくなりたい」と思ったら

この**対人距離**を逆手に使い、物理的に近づくことで、その人との**心理的距離を縮める**こともできます。これを「**ボッサードの法則**[*]」といいます。アメリカの心理学者**ボッサード**は、婚約中のカップル５０００組を対象に、２人の物理的距離と成婚について調査しました。それによると、距離が離れるほど、結婚に至る確率が下がったということです。

そこで、あなたに親しくなりたい人がいるなら、思い切ってその人の近くに座ってみてください。そのとき、**真正面の位置は緊張感が高く**

＊**ボッサードの法則**　男女間の物理的な距離が近いほど、心理的な距離は狭まるというもの。物理的距離が近いほど恋愛にも結婚にも有利に働く。

なるので、避けたほうが無難です（➡P153）。角を挟んで隣の位置がベストポジションですが、それが難しければ、隣でもかまいません。

もし、相手がさり気なく立ち上がり、席を移るなどの行動をしたら、**パーソナル・スペース**（➡P122）に踏み込んでしまったということも考えられます。内向的な人はパーソナル・スペースを広く取りたがるので、あまりに近づきすぎると、あなたの意図に反して警戒心を持たれることもあります。反対に、外交的な人はパーソナル・スペースが狭いので、かなり密着したほうが効果を期待できるかもしれません。

嫌いなものから遠ざかりたい心理

心理的な距離と物理的な距離は比例するということがわかっています。無意識に、人は好きなものや興味があるものには近づき、嫌いなものや興味がないものから遠ざかります。

教壇から遠い席に座る

↓

苦手意識の現れ

教壇から近い席に座る

↓

興味がある

親しくなりたいときは近くに座る

角を挟んで隣がベスト・ポジション。ただし、相手のパーソナル・スペースを考えること。

08

職場に私物を持ち込む

自分の縄張り（パーソナル・スペース）を主張している

誰もがもっている縄張り意識

人はどんな場所でも、**自分の周囲に他者の侵入を拒む心理的な空間（パーソナル・スペース）をもっています**。赤の他人ならこれぐらい、友人ならこれぐらいといったように、相手やそのときの状況によってパーソナル・スペースは変化し、**その境界線を越えて入ってこられると不快感を覚えます**。

例えば、空いているエレベーター内で、まったくの他人がピッタリそばにいると、不快を通り越して恐怖を感じるはずです。それは、両者の関係では侵入不可とされている領域にまで踏み込まれたためです。

オフィスであれば、相手は同僚や上司といった人たちになるため、多少近くまで踏み込まれても大丈夫でしょう。しかし、家族と接するほど近い距離になると息苦しさを感じます。だいたい**デスク1台分がパーソナル・スペース**だと考えるとわかりやすいと思います。

この例に関連して思い出されるのが、**デスクの周囲に仕事とは無関係の私物をたくさん持ち込む人**のことです。心理学的には、そうした行為によって、**自分の縄張り*を主張**していると見ることができます。一般的にメスよりもオスのほうが強い縄張り意識を持っていますが、人間も同様で、狭い部屋に男性数人を入室させたときと、女性数人を入室させたときでは、女性のほうは友好的な雰囲気になりますが、男性のほうは、攻撃的になることがわかっています。

＊**縄張り**　勢力範囲。テリトリー。動物の個体・集団が、生活の場を確保するために、他の個体や集団の侵入を許さない占有地域。

相手の心理がわかる8つの距離

アメリカの文化人類学者エドワード・ホールは、対人関係の距離をコミュニケーションの種類によって4つに分類し、さらにそれぞれを近接相と遠方相の2つに分類しました。相手との心理的な距離、物理的な距離の取り方の参考にしてください。

密接距離（0）

近接相 0〜15cm
かなり親しい2人が使う距離。愛撫、格闘、慰め、保護などを目的としており、言葉より、体を触れ合うコミュニケーションが多くなる。

（15）

遠方相 15〜45cm
手が届く距離で、親しい2人が使う。電車内などでこの距離まで他人が近づくとストレスを感じる。

個人距離（45）

近接相 45〜75cm
手を伸ばせば届く距離で、恋人や夫婦なら自然な距離だが、それ以外の異性がこの距離に入ってくると誤解を生じやすい。

（75）

遠方相 75〜120cm
お互いが両手を伸ばせば届く距離で、個人的な用件を伝えたいときなどに使われる。

社会距離（120）

近接相 120〜210cm
身体的な接触が難しい距離であり、知らない人同士の会話や仕事をするときの仲間との会話にふさわしい。

（210）

遠方相 210〜360cm
改まった仕事の話などに使われる距離で、何かをしたいときには相手を気にすることなく作業ができる。

公衆距離（360）

近接相 360〜750cm
表情の変化はとらえにくいが、簡単なコミュニケーションなら取れる。質疑応答も可能。

（750）

遠方相 750cm〜
講演や演説に使われる距離で、1対1のやり取りは難しい。身振りなどのコミュニケーションが必要になる。

09

ただの「やけ食い」から摂食障害に至ることも

ストレスが原因で大食いしてしまう

男性にも増える「むちゃ食い障害」

拒食症や過食症が、**摂食障害***という病気の一種であり、**痩せ願望**が背景にあるということは、よく知られている通りです。そのため摂食障害といえば「若い女性の精神疾患」というイメージがありますが、実は現在、男性にも摂食障害が広がっています。

「むちゃ食い障害」という言葉を聞いたことはありますか。常軌を逸するほど大量に食べる点は過食症と同じですが、むちゃ食い障害は、**嘔吐したり下剤を乱用したりといった代償行為をしないため、患者はどんどん肥満していきます。**それに伴い、脂肪肝や脂質異常症（高脂血症）といった生活習慣病にかかる率も高くなります。

男女比はほぼ1：1で、年齢は過食症の患者より高い傾向があります。

むちゃ食い障害の患者は、**過食をすることに恥ずかしさや罪悪感をもっており、隠れて大食いする**ことがほとんどです。食べてしまったあとに激しく後悔し、自己嫌悪と抑うつを深めていきます。うつ病やパニック障害、統合失調症などを併発していることも特徴の1つです。

むちゃ食い障害は、**慢性的なストレスなどによりセロトニン不足が起こり、それが原因で食べてもなかなか満腹を感じられなくなる**ことで起こります。ストレス解消が食べることになっている人は、ほかの解消法を探してみましょう。太陽の光を浴びながらのウォーキングは、セロトニン増加を助ける働きが期待できます。

＊**摂食障害**　神経性無食欲症（拒食症）と神経性大食症（過食症）に大別される。摂食障害に陥るきっかけとして最も多いのがダイエット。

むちゃ食い障害とセロトニン

むちゃ食い障害の原因となっているのがセロトニン不足です。セロトニンは、どのように食欲に作用するのでしょうか。

脳内に分布するセロトニン

セロトニンは小腸に多く存在するが、全体の約2％は脳内で精神活動に大きく影響している。

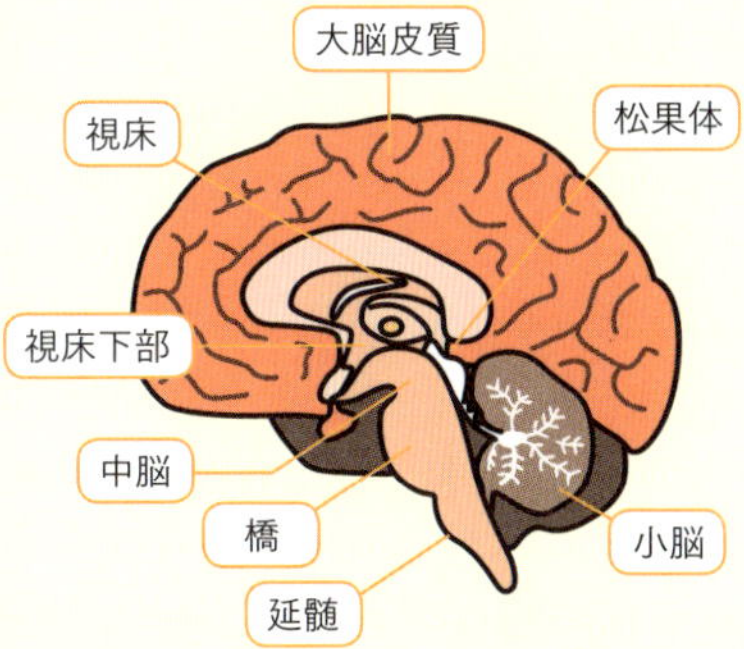

セロトニンとは

脳内のドーパミン（喜び、快楽）やノルアドレナリン（恐怖、驚き）などの神経伝達物質に作用し、これらの暴走を抑え、心のバランスをとる働きをする脳内伝達物質。

- 慢性的なストレス
- 昼夜逆転の生活リズム
- ゲームなどによる脳の疲労
- 運動不足
- 加齢

セロトニンが不足する

- うつ状態
- 情緒不安定
- 暴力的になる

- 食欲がコントロールできない

むちゃ食い

セロトニンを増やすために

- 朝起きたら、窓を開けて太陽の光を浴びる
- 腹筋を緩めて深呼吸

- 太陽の光を浴びてウォーキング

10

ギャンブルをやめられない

たまに思いがけない報酬がある「部分強化」に魅力を感じる

解消や暇つぶしなどの軽い気持ちで始めることが多いようです。それがなぜ、こんなにも悲惨な結末に至ってしまうのでしょうか。

たまに当たるからこそやる気が出る

ギャンブルは、お金をつぎ込んだ分、当たりが増えるわけではありません。ここに「部分強化」という心理効果が働きます。これは、**何かの行為をしたときに報酬（見返り）が時折あること**を指します。

その反対に、**必ず報酬があることを「全強化」**といいます。必ずもらえるのだから「全強化」のほうがいいように見えますが、人の心とは不思議なもので、全強化に対しては興味が薄れやすいという傾向があります。たまに思いがけな

ハマって抜けられなくなるギャンブル

パチンコに競馬、競輪。趣味で楽しむ程度ならばいいのですが、**節度を超えてハマりやすいのがギャンブル**の怖いところです。例えば、パチンコ依存症の人は、全国で100万人とも200万人ともいわれます。財産を失い、家族や友人からも見放されてしまったケースをしばしば耳にしますし、中には借金が膨らみ、それを苦にして自殺する人もいます。また、親がパチンコに熱中している間に、車内に置き去りにされた子どもが熱中症で死亡したという痛ましい事件も毎年のように報道されています。

当然ですが、子どもの頃からの**ギャンブル依存症***の人はいません。元はといえば、ストレス

＊**ギャンブル依存症**　世界保健機関（WHO）が病気として認定している。正式な診断名は「病的賭博」。多重債務に陥って、発覚するケースが多い。

い報酬がある**「部分強化」は、当たったときの快感が大きく、そのときの喜びが忘れられずに、まるで麻薬のように依存していく**のです。

宝くじが一家離散にならないわけ

部分強化という意味では、**宝くじ**もそうですが、「宝くじに入れあげて一家離散」という話はあまり聞きません。それは、宝くじが一部を除き、**当選結果が判明するまで日数がかかる**というところにあるようです。その頃には興味を失ってしまっていることが多いのでしょう。

ところが、パチンコや競馬などのギャンブルは、すぐに結果がわかるうえ、それに伴って大きな金額が動きます。そのために、つい熱くなりすぎて、気がついたときには相当負けが込んでいるということになってしまいます。これを**「結果の即時性」**といいます。

なお、結果が即時にわかるという点では**じゃんけん**も同じですが、じゃんけんのように運・不運の要素が強いものには、これまた不思議なことに人はあまり興味をもちません。「自分の予想が当たった」と快感を得られるもの、つまり**自己効力感**を感じられるものに、より強く惹きつけられるのです。

心理学トリビア 「一発逆転」を期待する

「部分強化」の中でも、報酬の額が変動するものを「不定率強化」といいます。大勝ちが出るパチンコや競馬などは不定率強化であり、最も人がハマりやすいパターンといわれています。

例えば、ギャンブラーによく見られるのが、「これだけ負けているのだから、そろそろ来るだろう」という考えです。根拠のない思い込みでしかないのですが、負けが込んでいるときは、確率的に正しいかのように信じてしまいます。そして、「この一発が当たれば、負けが全部チャラになる」と期待して、有り金を全部賭けてしまったりするのです。当たっても決まった額しか出ない「定率強化」であれば、こんなことはしないはずです。一発逆転があり得る状況ゆえなのでしょう。

11

どうしてもタバコをやめられない

身体面と心理面、2種類の依存状態がある

喫煙には2つの依存性がある

近年、喫煙を嫌う風潮が強くなり、喫煙者は、肩身の狭い思いをしているようです。「この機会に禁煙しようか」と考えている人も多いことでしょう。しかし、よく言われる禁煙の難しさに、行動に移す前から尻込みしてしまう人もいるのではないでしょうか。

喫煙には、2つの依存性があるといわれています。1つは**ニコチン依存**です(**ニコチン依存症***)。これはニコチンにからだが依存している状態です。ニコチンが切れると、「イライラする」「集中できない」といった症状が現れます。1日25本以上喫煙している人、起床後すぐに喫煙する人などは、このニコチン依存になっている恐れがあります。

もう1つは**心理的依存**で、**長年吸ってきたことによる習慣的な依存**です。「タバコがないと口寂しい」「間がもたない」などが原因になっています。タバコの本数が少ない人、起床後30分以上経ってから1本目を吸う人は、心理的依存の度合が高いと思われます。

禁煙には逃げ場を用意しておく

ニコチン依存はニコチン製剤を使うことで乗り切れますが、**心理的依存を断ち切るには、タバコを吸う習慣そのものを見直すこと**が大切です。喫煙においては、「食事をする→タバコを吸う」「コーヒーを飲む→タバコを吸う」、といった行動とセットになっていることがほとんどで

＊**ニコチン依存症**　薬物依存症の1つ。精神医学では物質依存症の一種とされる。ニコチンは主にタバコの葉に含まれ、即効性の強い神経毒がある。

す。そのセットを断ち切ることで、依存度を下げていくのです。

1日のうち、どのようなタイミングでタバコを吸っているかを書き出してみましょう。一度にすべてのセットを断ち切るにはかなりの苦痛を伴います。まずは最も強い喫煙衝動を感じるセットだけ、喫煙をほかの行動に置き換えます。それ以外のセットはそのまま喫煙を続けます。**すべての欲求を抑圧するのではなく、逃げ場を用意しておく**わけです。追い詰められた気持ちにならず、少しずつ習慣を変えていくことができるので、禁煙の成功率が高くなります。

禁煙のための代償行動

タバコを吸いたくなったら、その代わりとなるような行動を取って、気を紛らわせます。いきなり全部変えるのではなく、最初は少しずつ始めると禁煙の成功率が高くなります。

イライラするとき

- 熱いお茶を飲む
- 音楽を聴く

- ストレッチをする

- 人と話をする

口寂しいとき

- 歯磨きをする
- ガムやスルメを噛む

手持ち無沙汰《ぶさた》のとき

- 掃除をする
- 手芸やプラモデル作りなどの手仕事をする

12

次から次へ資格を取りたがる

可能性を捨てられず、自分の生き方を決められない

その資格、何のために使うの？

あなたの周囲に、次々と資格を取得することに熱意を燃やしている人はいませんか。英検やTOEIC、宅建士、簿記、ホームヘルパー、インテリアコーディネーター…。そんなにあれこれ資格を取って、一体何を目指しているのだろうと思う人もいます。向上心があるともいえますが、関連性のない資格のオンパレードは、ただ資格ビジネスの波に絡み取られているだけのように見えなくもありません。

そこで思い浮かぶのが**「モラトリアム人間」***という言葉です。

モラトリアムとは、経済用語で**「支払い猶予期間」**の意味です。心理学者***エリク・H・エリクソン**は、これを社会心理学的な意味で応用し、「青年期は、知的・肉体的な能力は一人前になっているにも関わらず、知識や技術の研修のために、社会人としての義務と責任の支払いを猶予されている時期（モラトリアム）である」と定義しました。この定義自体は、特にネガティブな意味を含んでいませんでした。

ところがベトナム戦争以降、モラトリアム状態に留まろうとする青年層が増え始め、さらに、青年のみならず各年代にまで広がりを見せるようになり、問題視されるようになってきたのです。現代の日本では、「モラトリアム人間」というと、**「青年期を過ぎても社会人としての義務と責任を果たさない人」という否定的なニュアンス**で語られるようになりました。

＊**モラトリアム人間**　精神科医・小此木《おこのぎ》啓吾は『モラトリアム人間の時代』（1978年）で、日本の若者たちの大人になろうとしない傾向を指摘した。

いつまでも自分探しをする人たち

子どもに将来の夢を聞くと、「サッカー選手もいいな、漫画家もいいな」といった答えが返ってきます。しかし、どの夢もかなえられるわけではありません。何かをあきらめたり、切り捨てたりしながら、自分の道を見つける必要があります。青年期は、それを探して決める時期であり、だからこそモラトリアムが必要だったのですが、現代は、青年期を過ぎた大人まで積極的にモラトリアムでいたがる風潮が強いようです。**いつまでも自分探しをしているの**です。

モラトリアム人間は、**自分の多様な可能性を信じており、どの可能性も切り捨てることができません**。「あれかこれか」型の生き方ではなく、**「あれもこれも」型の生き方**を選びます。資格取得に燃えるのもその表れで、いつでも転身できるように準備をしているのです。そのため、組織や集団、国家、社会に対して帰属意識が希薄で、何事にも一時的にしか関わろうとしません。自分のすべてを賭けようとする覚悟ができないのです。新卒の新入社員が1年も経たないうちに転職をするのも、モラトリアムの心理が要因の1つともいえます。

心理学トリビア 心理的危機を招く同一性拡散

エリク・H・エリクソンは、青年期を「自分とは何か」「これからどのように生きていくか」「どんな職業についたらいいか」といった問いを通して自分自身を形成していく時期であり、その葛藤の末に「これが本当の自分だ」と実感されるものが「自己同一性（アイデンティティの確立）」だと考えました。そして、自己同一性は、人生を通じて何度か再構築されると主張しています。

その一方で、自己同一性が得ることができず、「自分が何者なのか、何をしたらいいかわからない」という状態は「同一性拡散」と呼ばれ、心理的な危機状態にあるとされています。

＊**エリク・H・エリクソン**　ドイツ生まれの心理学者。ウィーンではアンナ・フロイトの弟子となり、米国籍を取得してからは青年たちの心理療法に従事。「アイデンティティ」の概念を提唱したことで知られる。

13

宴会の席でもしゃべらない

他人と自然な会話ができない雑談恐怖症

疎外感を覚えやすい雑談恐怖症

宴会の席で、たまたま隣になった人が無口な人で、何となく気まずい思いをしたという経験はないでしょうか。初対面でも和やかに会話できる人もいれば、なかなか打ち解けられない人もいます。「その人の性格」と言ってしまえばそれまでですが、中には**雑談恐怖症**に陥っている場合もあります。

雑談恐怖症とは、**対人恐怖症***の症状の1つで、過去の失敗などが原因となり、**「自分は口下手だ」という強い思い込みが生じ、他者と自然な会話ができなくなってしまう状態**をいいます。ビジネスなどの必要な会話はできるのですが、話しても話さなくてもいいような場面になると途端にしゃべれなくなってしまうのです。

そのため、美容院での世間話や宴会の席などを苦痛に感じるようになります。楽しそうに談笑している周囲の人に対し疎外感を覚え、落ち込んでしまうことがしばしばあります。実際は楽しくない雑談を仕方なくしている人も多いのですが…。

実は、**対人恐怖症は日本人特有の文化依存症候群**といわれています。**「KY」***という新語が現れたことからもわかるように、日本社会は、**個人の自由よりも全体の調和を重視する風潮**があります。それが対人恐怖症を生んでいるともいえるでしょう。他人の目を気にして萎縮してしまっているならば、個人主義を尊重する欧米人の発想にならうのも1つの手です。

＊**対人恐怖症**　社会不安障害とも呼ばれる。軽度の場合は「あがり症」。人前で何かをすることに極度の緊張と恐怖を覚え、赤面、冷や汗などの症状が出る。

対人恐怖症の主な症状

もし、あなた自身にも対人恐怖症の傾向があるならば、「別にうまくできなくてもいい」と開き直ってしまうといいでしょう。

赤面恐怖症

人前で顔や耳が赤くなる。そしてその状態を人から笑われているのではないかと過敏に意識して悩む。

発汗恐怖症（多汗症）

人前に出るときや、不安になると、汗が異常に出る。全身性多汗症と、局所に出る局所性多汗症がある。

体臭・口臭恐怖症（自己臭恐怖症）

自分の体臭や口臭がきつく（実際には、そうではないことも多い）、人に嫌われるのではと不安になる。

視線恐怖症

視線が気になってしかたがない。自己視線恐怖、他者視線恐怖、正視恐怖がある。

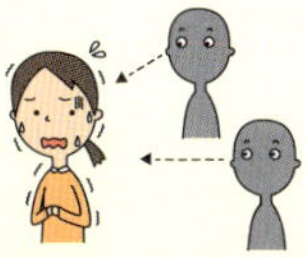

振戦《しんせん》恐怖症

人前で何かするときに極度に震えてしまう状態。名刺交換のときや人前で演奏するときなど。

会食恐怖症

人と食事をすると食べられなくなる、吐き気がする、食べ物がのどに詰まるなど、極度の緊張状態になる。

スピーチ恐怖症

学校や会議、慶弔の席などで人前で話すときに異常に緊張し、頭が真っ白になり話せなくなる。

電話恐怖症

オフィスなどで電話が鳴っても、ほかの人に聞かれていると思うとドキドキして電話が取れないなど。

書《しょ》痙《けい》（手の震え）

慶弔の席の受付で名前を書く、契約書にサインするなど、人前で字を書くときに極度に手が震える。

＊**KY**　「空気・読めない」の頭文字を取って、「その場の雰囲気や状況を察することができない人」のことをいう。「あの人、KYだよね」などと使う。女子高生がメールのやり取りで使い出して普及した。

14

派手なファッションが大好き

不安感や自信のなさを解消する効果がある

派手な服＝自己顕示欲が強い人？

街を歩いていて、**派手なファッション**に身を包んだ女性を見かけたとします。そのときに受ける印象はどんなものでしょうか。「**自己顕示欲***が強く、目立ちたがり屋」「自分のセンスやスタイルに自信をもっている」。こういった印象をもつのではないでしょうか。

しかし、心理学では、「派手なファッション＝自己顕示欲が強い」とは見なしません。むしろ、不安感や自信のなさを解消するために派手な服を身に着けるのだと考えます。

鎧の役割を果たす「身体像境界」

心理学用語に「**身体像**」があります。これは、**自分のからだについて感じているイメージ**を指します。

そして、**身体像と外界との境目のことを「身体像境界」といいます**。これは、その人が身につけている鎧《よろい》のようなものといえばわかりやすいでしょう。

この鎧は、自分を外部から守る働きをしているのですが、中にはこの**境界が狭く不明瞭な人**がいます。鎧があるかないか、わからないような状態ですから、**外界に対する不安を常に感じています**。それが理由で他者との距離感がつかめない、うまく会話ができないなどの問題が生じることがあります。その反対に、**身体像境界が広くはっきりしている人は、自信をもって行動する**ことができます。

＊**自己顕示欲**　自分の存在を社会の中でアピールしたいという欲求で、人の自然な欲求の１つ。一般に、「目立ちたがり屋」とも言われる。

自信がないときはファッションを変える

着ている服が今ひとつだと感じるとき、なぜか心許なく、堂々と振る舞えないということはないでしょうか。その逆に、スーツでビシッと決めているときは、自信に満ちて言動も積極的になる人が多いでしょう。

実は、**身体像境界はその人の着る衣服によって大きく左右する**と考えられています。そこで、心理学の観点からは、「不安なときには高級ブランドの服を着るとよい」と言われているのです。高級ブランドは、その価値が周囲にもわかりやすいため、容易に身体像境界を大きくすることが可能だからです。

同様の考え方で、派手なファッションを好む人は、そうすることによって、身体像境界を無意識のうちにはっきりさせようとしているのだととらえることができます。

もしあなたが「もっと積極的に生きてみたい」と思うならば、ファッションを思いきって派手に変えてみるとそれが何かのきっかけになるかもしれません。

心理学トリビア　役割とコスチュームに関する監獄実験

1971年にアメリカのスタンフォード大学で行われた「スタンフォード監獄実験」は、普通の人が特殊な肩書きや地位を与えられると、その役割に合わせて行動してしまうことを証明しようとしたものです。

新聞広告などで集めた被験者がくじで「囚人」グループと「看守」グループに分かれ、それぞれのコスチュームを着て、監獄でその役を演じました。すると、実験であるにも関わらず、囚人役はより囚人らしく、看守役は本当に看守のように振る舞い始めました。やがて看守は囚人に対して本気で侮蔑的な発言をし、囚人は抑うつ的な症状を示すようになります。実験開始時の条件は同じでありながら、与えられた役割やコスチュームなどのせいで人格が変化していったのです。囚人役の被験者のダメージがあまりに大きかったため、予定していた2週間の実験期間を6日に短縮することになりました。

15

整形手術を繰り返す

自分のことを「醜い」と妄想的に思い込む身体醜形障害

「醜い」と思い込み整形手術を繰り返す

誰しも、**自分の容姿には多少のコンプレックスをもっているもの**です。もっと肌が白かったら、目が大きかったら、鼻が高かったら…。そうは思いつつも、日々の暮らしの中では、そうした悩みは一時棚上げにして、仕事や勉強に追われると忘れてしまう人が多いでしょう。

もし、四六時中、自分の容姿が気になってしかたがなく、鏡ばかりを見ているようならば、それは**身体醜形障害***かもしれません。顔やからだのごく些細な部分に嫌悪感を募らせ、「こんな醜い姿では外を歩けない」「こんな顔で生きていくくらいなら、死んだほうがマシ」などと妄想的なこだわりをもつ神経症です。**整形手術をする人も多いのですが、そもそも客観性を欠いた思い込みのため、結果に満足することなく手術を繰り返す**ことも多いようです。やがて人との接触を避けるようになり、社会的に孤立して、**引きこもり**(➡P116)になることもあります。

コンプレックスとの違いは？

単なる**コンプレックス**との違いがわかりにくいのですが、**日常生活に支障をきたすようになると身体醜形障害**とされます。絶え間なくそのことで悩み続け、抑えても湧き上がってくる**不安や恐怖を自分でコントロールすることができない**という点で、**強迫性障害**(➡P24)とも似ています。自分の姿を繰り返し鏡に映し、確認せずにはいられない一方で、写真やビデオに写る

＊**身体醜形障害**　醜形恐怖（Body Dysmorphic Disorder：BDD）ともいう。ストレスが元になって、からだや行動に異変が起きる身体表現性障害の1つ。

ことを恐れる傾向もあります。履歴書用の証明写真を撮ることができず、就職活動ができないケースもあります。

アメリカにおける調査では約1％の有病率が確認されていますが、患者は「容姿が醜くて辛い」ということを他人に打ち明けることが難しいため、実際にはそれ以上の患者数が推定されます。妄想的なこだわりが重症になると、**統合失調症**[*]（➡P140）と診断されることもあります。また、極度に低い自己イメージのため、うつ病を併発することが多いのも特徴です。

身体醜形障害とは

実際にはそんなことはないのに、自分が醜いと思い込み、それによって日常生活に支障が出ることをいいます。

身体醜形障害の症状

自分は醜いという強迫観念

- 鏡を見ることが怖い。
- 何度も鏡で自分の姿を確認せずにはいられない。

↓

自分は醜いという思い込み

- 整形手術を繰り返す。
- 摂食障害になる。

↓

人前に出る恐怖

- 引きこもりになる。
- 自分の容姿で気になる箇所をしつこく確認する。

↓

気になる部位は1つとは限らない。顔、鼻、骨格、スタイルなど、からだ全体に及ぶこともある。思春期に発症することが多く、長引くと10年以上症状が続くケースも見られる。

＊**統合失調症**　幻聴や妄想、思考障害のほか、意欲の低下、自閉傾向などの症状がある。比較的若い世代に多く、日本では約1％の有病率となっている。

16

まぶしくないのにサングラスをかける

心理的に他人より優位に立つことができ、変身願望を満たすアイテム

変身願望を満たすサングラス

一昔前であれば、まぶしくもないのにサングラスをかけていると、ヤクザだと思われたものでした。最近では、ファッションアイテムの1つとして利用する人が増えてきていますが、やはり帽子やストールなどとは少し異なる意味合いをもつアイテムのようです。

「目は口ほどにものを言う」といいます。目から得られる情報は多く、逆に目を隠してしまうと、よほど親しくない限り、誰だかわからないことが多いでしょう。新聞や雑誌などで一般人の写真を掲載するとき、個人を特定されないために目隠し線を入れるのもそのためです。

サングラスをかけると、いわば目隠し線が入っているのと同じ状態になり、自分であって自分でないような意識に陥ります。劣等感が強い人では、これが心地よく感じられたりします。つまりサングラスは、手軽に**「変身願望」を満たしてくれる**アイテムなのです。

また、自分自身は見られることなく、一方的に相手をじっくりと見ることができるので、**心理的に優位に立てる**という面もあります。アメリカでは、**吃音症**《きつおん》*の人にサングラスをかけてもらったところ、スムーズに話せるようになったという実験結果もあります。

他者からの信頼が得にくくなる

サングラスはたまにかける程度ならばいいのですが、常時となるとデメリットもあります。

＊**吃音症**　人前で言葉が円滑に話せない病気。「おはよう」と言おうとすると、「お、お、お、お、おはよう」と繰り返してしまったりする。

相手と目を合わせることを**アイコンタクト**といいますが、アイコンタクトが多い人は知的で能力が高いと思われ、好かれやすいことが実験によりわかっています。

ところが、サングラスをかけていると、**アイコンタクトがないため、「何を考えているかわからない人」と相手を不安にさせてしまいます。**その結果、人から信頼されにくく、コミュニケーションが希薄になりがちです。威圧感を出そうと意図的に狙っている場合は別ですが、そうでなければファッション的な使用はほどほどに控えておいたほうがよいでしょう。

さまざまな場面でのアイコンタクト

人間はもちろんのこと、哺乳《ほにゅう》動物全般において、お互いの目を見ること（アイコンタクト）はコミュニケーションの基本です。

スポーツでも

サッカーやバスケットなどの球技では、しばしばアイコンタクトを使って、相手チームの選手に気づかれないようパスの合図を送る。

愛犬とのコミュニケーション

飼い犬をしつけたり、ほめたりするときは、目を見て行う。

過剰なアイコンタクト

過剰なアイコンタクトは、お互いの間に緊張を生むことがある。電車の中などで、見知らぬ人にじっと目を見つめられ、居心地が悪くなって目をそらすなど。威圧感を与える目的の場合もある。

17

周囲が「何か変だ」と感じるならば統合失調症の疑い

ひとり笑いやひとり言が多い

統合失調症はポピュラーな病気

あなたの周りに、なぜか**1人でクスクス笑っている人やブツブツひとり言を言っている人**がいませんか。このような人がいると、いったい何を考えているのだろうと、ちょっと気味悪く感じることがあるかもしれません。

実はこのような人は**統合失調症**であるケースが考えられます。統合失調症は決して珍しい病気ではありません。その有病率は、国を問わず0・5～2％程度といわれます。胃潰瘍《いかいよう》や十二《じゅうに》指腸潰瘍《しちょうかいよう》などの消化性潰瘍の有病率が約1～2％といわれていますから、あなたの周囲に統合失調症を患っている人がいてもおかしくありません。

統合失調症の症状は、**「陽性症状」「陰性症状」「認知障害」**の3つに大きく分けられます。

陽性症状における顕著な病状として挙げられるのが、**妄想や幻覚、幻聴**です。**空笑《くうしょう》（ひとり笑い）や独語《どくご》（ひとり言）**などの行動も見られます。**陰性症状**では**「集中力が続かない」「意欲が湧かない」**といった精神症状を示すため、周囲からは「怠けているだけ」と思われ、病気として認識されにくいようです。**認知障害**では**痴呆《ちほう》に似た症状**が現れます。

いずれも**患者本人に病識*がなく、それが治療を困難にしている**ケースが多いのです。脳の機能障害が原因と考えられていますが、はっきりしたことはわかっていません。近年、投薬治療により回復が望めるようになってきました。

＊**病職がない**　病的状態にありながら、本人がそれを認めないこと。統合失調症やアルコール依存症によく見られる。医療機関にかかろうとしないなど。

統合失調症とはどんな病気？

統合失調症は、躁うつ病と並ぶ代表的な精神疾患です。長い間、有効な治療法がなかったため、偏見や誤解の目で見られることもありました。現在は副作用の少ない新しい薬物療法が定着しつつあります。

統合失調症の症状

さまざまな症状が現れますが、大きくは3つに分けられる。

① 陽性症状

- イライラして落ち着かない
- 激しく興奮する

妄想や幻聴のほか、顕著な行動例に、空笑《くうしょう》（ひとり笑い）や独語《どくご》（独り言）などがある。突然何か思い出したかのように笑ったり、誰もいないほうに向かってしゃべり出すなどする。

② 陰性症状

- 集中力が続かない
- 意欲が湧かない
- 仕事がおっくう

症状が長く続き、進行すると自室からほとんど出ることなく、学校や仕事にも行かず、引きこもりになる。病気として認知されづらく、「怠けているだけ」「甘えている」と見られてしまう。

③ 認知障害

- ボケに似た症状（言語、動作、運動）

映画やドラマのストーリーが途中でわからなくなったり、本が読めなくなったり、指示通りの作業ができなくなったりする。協調性がなくなり、会社や学校で1人だけ浮いてしまうこともある。

統合失調症を発症しやすい世代

平均的な発症年齢は、男性18歳、女性25歳とされ、比較的若い世代に見られる病気。中年以降に発症する例もあり、特に高齢者が発症した場合、認知症と間違われ、発見・治療が遅れることがある。

男性 18歳　女性 25歳

〈発症時平均年齢〉

主な原因

脳の機能的障害が原因と考えられているが、はっきりしたことはわかっていない。遺伝的要素も指摘されている。

18 無料（タダ）という言葉に弱い

タダより高いものはない。思いがけない出費になることも

「無料」は本当にお得か

長引く不況で、懐具合《ふところ》が寂しい人も多いのではないでしょうか。財布のひもも堅くなりがちで、気前よくポンと買い物をするということも減っていることでしょう。そこで気になるのが「無料体験」「無料サンプル」「無料相談」などの無料サービスです。「せっかくタダなんだから、いろいろ試してみたらいいんじゃない？」と思う人もいるかもしれませんが、それほど簡単にはいかないものです。

お返しをしたくなる人の心理

心理学には「好意の返報性」*という用語があります。**好意を示してくれた相手には、自分も好意をもつようになる**という心理を指す言葉です。好意を示す方法として、「モノをあげる」ということもあります。それに対して、もらった側はお返しの品を渡します。つまり、気持ちであれモノであれ、大抵の場合はもらった好意に対して好意で報いているのです。

無料のサービスについても同じことがいえます。例えば、デパートやスーパーなどの試食コーナー。次々と勧められるままに食べてしまったあとで、買わないと悪いような気になることはないでしょうか。食品であれば、「それほど高額なものではない」というのが自分への言い訳になります。

また、電化製品の買い替えのために量販店に行ったとしましょう。その日は軽い下見のつも

＊好意の返報性　返報性の原理（人から何かをしてもらうと、お返しをしなければならないという感情になる心理）を恋愛に応用したもの。

りだったのに、親切に応対してくれた店員さんに申し訳なくなって、その場で高額な商品を買ってしまったりもします。「どうせ買うつもりだったのだから、今日でもいいか。出直してくるのも面倒だし」というふうに、この場合も自分への言い訳を考えるのです。

相手が示してくれる好意が厚いほど、また、商品が安かったり必要だったりするほど、財布のひもは緩くなりなります。当然、販売員もそういった心理は理解していて応対しています。無料サービスにはそういった駆け引きがあることを知っておいたほうがいいでしょう。

プレゼントの心理

プレゼントを贈る行為には程度の問題があります。相手の負担になるようなプレゼントを贈るとどうなるでしょうか。

例 1 恋人からの誕生日プレゼントは高級ブランドのネックレスだった。

例 2 好意をもっていない相手から同じものをプレゼントされる。

好意の返報性

- 「もらった好意と同じぐらいの好意を返したくなる」というのが原則。とても返せそうにないほどの大きな好意を示されると、負担感ばかりが強くなってしまう。
- プレゼントは、親切心と置き換えることもできる。過度な親切心はあまり喜ばれない。家族や恋人といった関係でない限り、プレゼントによって好意を示す場合は慎重に。

19

すぐにカッとなり暴力をふるう

社会的なルールを守れない反社会性パーソナリティ障害

心のストッパーが働かない状態

ウソをつく、暴力をふるう、モノを盗む…。こうしたことは反社会的行動であり、「してはいけないこと」だと教えられて、私たちは育っています。そのため、就学する年齢になれば、こうした行為を思いとどまるストッパーが心の中に出来上がり、それが働くことで、反社会的行動を取らなくなるのが普通です。

ところが、中にはこのストッパーが働かない人がいます。**気に入らないことがあるとすぐに暴力をふるう**、自分の利益のためなら平気でウソをつく、人を傷つけることに良心の呵責《かしゃく》を感じない、などの問題行動を起こす人たちが社会の中には一定数存在し、**反社会性パーソナリティ障害**＊と呼ばれています。

人口の約２％に見られる人格障害

この障害は人口の約２％に見られ、男女比は３：１で男性のほうが多いとされています。**アルコール依存**や**薬物依存**に陥りやすく、犯罪者の中に反社会性パーソナリティ障害が多いことも確認されています（もちろん、反社会性パーソナリティ障害だからといって、必ずしも犯罪に手を染めるわけではありません）。

患者本人に問題意識があまりないため、積極的に治療を受けようとする意思が弱いのも特徴です。アルコール依存の治療のために入院した際、反社会性パーソナリティ障害であったことが判明するというケースがしばしばあります。

＊**反社会性パーソナリティ障害**　不誠実で、他者の権利や感情を無神経に侵す傾向のある、神経症よりもさらに悪化した人格障害。

表面的には魅力的に見えることも

反社会性パーソナリティ障害に対しては傲慢で暴力的な風貌をイメージするかもしれませんが、実際にはむしろ魅力的に見えることもあります。しかし、**自分の利益や享楽のために平気で他人を傷つけるの**が反社会性パーソナリティ障害です。子どもの頃からこうした傾向が見られる場合は、重症化する前に専門医に相談することをお勧めします。個人差がありますが、症状のピークは10代後半で、それ以降は年齢を経るごとに目立たなくなることが多いようです。

CHECK LIST

「反社会性パーソナリティ障害」自己チェック

反社会的行動が15歳以前から始まり、18歳を過ぎても続いている人で、次のうち3つ以上に当てはまる人は、反社会性パーソナリティ障害の疑いがあります。

- 法を守ったり、社会的規範に従うことができない。
- 個人的利益や享楽のために、人をだましたり、ウソをついたりする。
- 衝動的で先々の計画を立てられない。
- 攻撃的で短気。フラストレーションに対する耐性が非常に低く、けんかや暴力沙汰を繰り返す。
- 例えば暴走族のように、自分、他人を問わず、身体的安全を無視する。
- 一貫して無責任で、仕事が長続きしない。経済的な支払い義務を果たさない。
- 良心の呵責《かしゃく》が欠如している。人を傷つけたり、動物を虐待したり、モノを盗んだりすることに躊躇《ちゅうちょ》しない。それを正当化することもある。

アメリカ精神医学会発表の「精神障害の分類と診断の手引き」（DSM-5）を改編

20

抑圧された感情を解放し、カタルシスを得ている

頻繁に夫婦げんかをする

夫婦げんかで心を解放する

「今年度一番泣ける映画」という宣伝文句を耳にしたことはありませんか。泣ける映画、泣ける本、泣ける歌…。「泣ける」ことがウリの作品が巷《ちまた》にあふれています。なぜ今の時代、人はそんなにも「泣きたい」のでしょう。

「泣ける」という触れ込みの映画や本に触れたとき、心の底に澱《おり》のように溜まっていたネガティブな感情が呼び起こされ、登場人物の感情と共鳴します。そして、物語の進行とともに、**抑圧されていた自分自身の悩みや苦しみも解放され、すがすがしい気持ちになる**のです。これを心理学では**カタルシス**＊と呼びます。

人は、**ストレスが溜まってくると、かつて感じたことのあるカタルシスの快感をもう一度味わいたくなる**のです。それが泣ける映画や本を求める気持ちにつながっています。それだけ現代人はストレス過多であるかもしれません。

一見無関係なようですが、実は**頻繁にけんかをする夫婦も、それによりカタルシスを得ています**。赤の他人がひとつ屋根の下に暮らせば、知らず知らずのうちに不満が積もっていくのが普通です。そのまま我慢していれば、やがて心がパンクしてしまいます。不満を押さえ込むのではなく、夫婦げんかという形を取って解放しているわけです。**「ガス抜き」**とでも言えばわかりやすいかもしれません。抑圧からの解放という意味では、悩みを人に相談するというのもカタルシスの1つです。

＊**カタルシス**　元々は、体内に溜まっている汚物を排泄し浄化するという意味のギリシャ語。これを精神的な意味で初めて使ったのはアリストテレス。

夫婦げんかのNGワード

カタルシスが得られるけんかならまだしも、ストレスが増えるだけのけんかはお互いにつらいだけ。けんか中でもこのNGワードは避けましょう。

1 相手の人格を否定する

NG ワード 「あなたって本当に無神経ね!」
「お前ってしつこいんだよ!」

2 決めつける

NG ワード 「どうせ、この次も同じことの繰り返しなんだろ!」

3 誰かと比較する

NG ワード 「俺の母親はもっと家庭的だったぞ!」
「○○さんは家事も手伝うのに!」

4 過去のことを引き合いに出す

NG ワード 「あなたっていつも優柔不断よね。結婚前もそうだったじゃない。旅行のときも……」

5 相手の親族を非難する

NG ワード 「お前の両親は常識がなさすぎる!」
「お義母さんは過保護すぎるのよ!」

けんかの最中は頭に血がのぼって、思わずNGワードを口にしてしまうことも。ただし、何があっても暴力をふるってはいけない。暴力をふるった側は簡単に忘れても、ふるわれた側は恐怖とともに怒りを心に刻み込むものだ。

上手な夫婦げんか

例1 主語を「私は」「俺は」で語る

OK ワード 「私は、もっと家事を手伝ってほしいの」
「俺は、もっと自分の時間がほしいんだ」

例2 仲直りのしかたを決めておく

OK ワード 「ケーキを買ってくるね」
「○○の店で外食をしよう」

21

いつもガムを噛んでいる

不安を鎮め、心を落ち着かせる効果がある

ガムを噛むことにはメリットも多い

一般に、人前でガムを噛むことは行儀が悪いというイメージがあります。だからでしょうか、不良ぶりたい中高校生などはわざとクチャクチャと音を立ててガムを噛んだりします。

ところが、中高生ならいざしらず、いい大人でもよくガムを噛んでいる人がいます。例えば、野球のテレビ中継などで、大写しになった選手がガムを噛んでいる姿を目にすることがしばしばあります。行儀が悪く見えるというのを承知していながら、なぜそのようなことをするのでしょうか。

実は**「噛む」という行為には、不安を鎮め、心を落ち着かせるという効果があり、近年のスポーツ心理学では、ガムを噛むことを推奨している**のです。野球以外にも、サッカー選手や陸上選手がガムを利用して精神の安定を図っていることが知られています。

あなたの周囲にいつもガムを噛んでいる人がいるなら、無意識のうちにこうした効果を感じているのかもしれません。少なくともタバコで気をまぎわらせるよりは健康的です。

ガムの効用は、このほかにも「唾液の分泌を促し、虫歯予防になる」「脳の血流がよくなり、ボケ防止になる」「満腹中枢が刺激され、ダイエットになる」などが指摘されています。

ただし、ガムを噛むような状況ではないのに、いつもクチャクチャやっているならば、**習慣依存***になっていることも考えられます。

＊**習慣依存**　日常で習慣化してしまっている癖。喫煙を例に挙げると、ニコチンへの依存だけでなく、この習慣依存の要素が大きいと考えられる。

手軽で効果的な不安の鎮め方

試合や試験の前などに不安な気持ちに陥ったら、次に紹介するような方法を試してみましょう。あらかじめ、リラックスした状態で何回か練習しておき、不安が鎮まるイメージをつくっておくと、より効果的です。

気持ちを整えるツボ

「合谷《ごうこく》」を押す

手の甲側

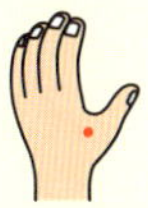

親指と人差し指の間の股

不安を鎮めるツボ

「内関《ないかん》」を押す

手のひら側

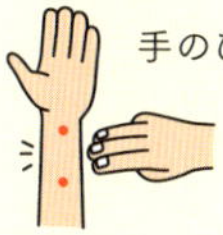

手首のしわから指3本分、ひじ側に寄ったところの中央

気持ちを落ち着かせる作用がある

精油を嗅ぐ（アロマオイル）

ハンカチやティッシュに1〜2滴垂らして嗅ぐ。

精油の種類

- カモミール
- ラベンダー
- ローズウッド
- フランキンセンス
- イランイラン

など

リラックス効果あり

楽な姿勢になり、息を吐き出す

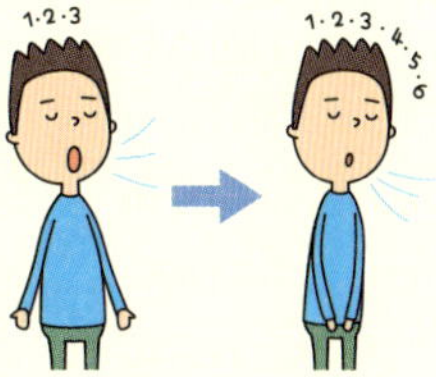

ゆっくり3つ数えながら深く息を吸い込み、その後、ゆっくり6つ数えながら吐き出す。

意識的にからだにギュッと力を入れる

手は下に下ろした状態で、肩を思い切り上げる。

3秒静止

フッと力を抜く

一気に力を抜く。

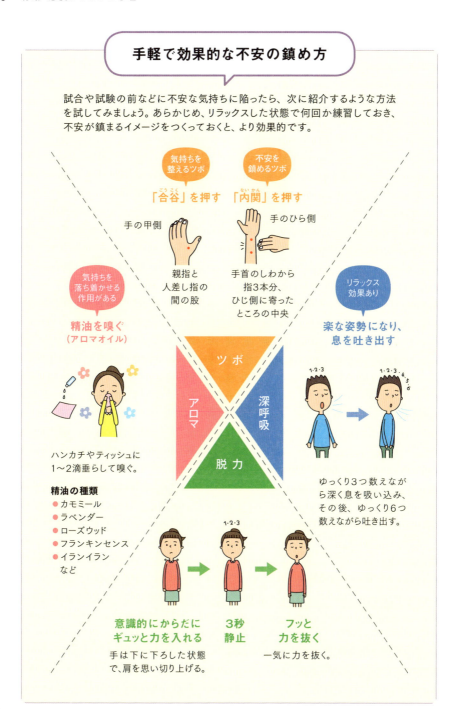

22

車の万能感を自分の力のように思い込む

運転すると態度が豹変する

悪態にスピードオーバー、一体なぜ？

あなたの周囲に、**ハンドルを握ると態度が豹変する人**はいませんか。「ノロノロしてんじゃねぇよ」「だから、おばさんの運転は嫌なんだ」などと口汚くののしったり、一般道を危険なほどの猛スピードで走ったり。

それまではごく普通の、むしろ大人しく見える人の変貌ぶりは、恐怖すら覚えるほどです。たまたま乗り合わせた人は、気まずい思いで座っていますが、そんなぎごちない空気にもまったく気がつかない様子です。一体、彼らの中で何が起こっているのでしょうか。

同じ乗り物であっても、自転車やバイクに乗っているときは、こんな態度は取らないはずです。なぜ、車なのでしょう。

車の万能感が錯覚を起こさせる

車の中は、いわば**動く個室**です。そこでは、**緊張状態から解放された、無防備な状態でいることができます**。普段は意識して礼儀正しくしていても、車内に入ると素顔に戻ってしまいます。そこに車という道具の**万能感***が加わります。

100キロ超のスピードが出せる鋼鉄製の大きな物体を、自分のコントロール下に収めているのだという高揚感のせいで、**あたかも自分自身が偉くなったかのように錯覚し、暴言を吐く**のだと考えられます。暴言を吐く相手には聞こえないということもあり、反撃されることがないからこそ、言いたい放題できるのです。

* **万能感**　「自分は万能だ、何でもできる」という高揚した気持ち。「全能感」ともいう。日常語では「天狗になる」「調子に乗る」という言葉でも表される。

隠れた本性を知るチャンス

車の運転中は、その人の思いがけない姿があらわになることがしばしばです。無理な追い越しをする人は、せっかちなうえ、危険性の認識が甘い人といえるでしょう。健常者でありながら利便のよい身障者用の駐車スペースを使おうとする人は、自分さえよければいいという考え方をするということがわかります。

結婚を考えている相手とは、一度ドライブをしてみるといいかもしれません。隠された人となりをうかがい知るチャンスです。

人を豹変させる車

大きな物体である車をコントロールしているという万能感が、自分を実際以上に偉い人間であるかのように錯覚させます。

1 女性のためにドアを開けてくれる心遣いのある男性。

2 前の車がテレテレ走っているので、男性はイライラ。

イラ
イラ
イラ
イラ

3 男性の豹変に女性はビックリ！

オラオラ！
もたもたしてんじゃねえよ！！

4 到着。男性がニコニコして助手席のドアを開けてくれる。

席の選び方で心理がわかる

席の選び方1つにも深層心理が現れます。座り位置が意味するものを知っておくだけで、話の内容や相手の心情を予測できることもあります。

2人で話すときの座り方

まず、あなたが先に着席します。
次に、相手がどの席を選ぶかで、その心理を予想してみましょう。

②の席を選んだ場合

共同作業をするときなどに向く座り方。からだの接触が起こりやすいので、それを不快に感じないことがわかる。親しい間柄だといえる。

①の席を選んだ場合

リラックスして話すことができ、気軽な雑談に向く座り方。相手が、あなたに対して親近感をもっていることがわかる。

丸テーブルか角テーブル?

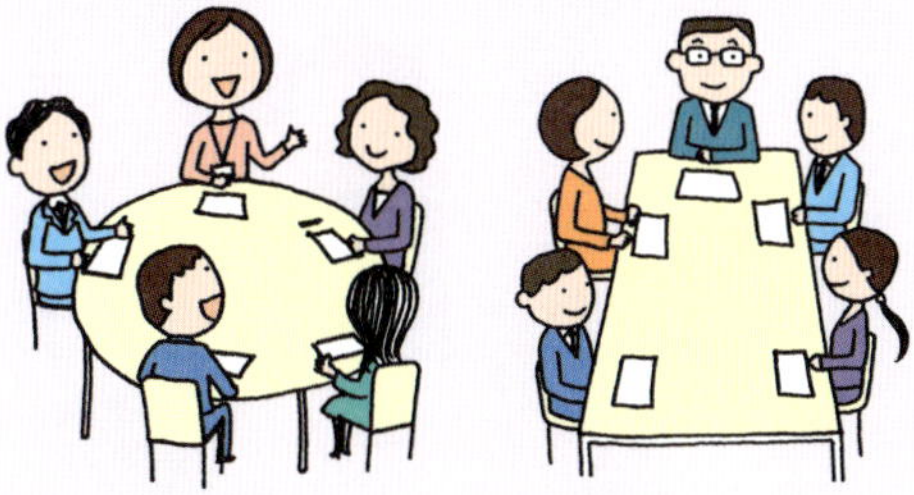

丸テーブルと角テーブルでは、座る人の心理に微妙な違いが出てきます。丸テーブルを使うときは上座(上位の人が着く席)がつくりにくいので、参加者に公平感が生まれ、活発な意見が交わされます。

一方、角テーブルはリーダーシップを発揮しやすいので、リーダー役の人に好まれる傾向があります。

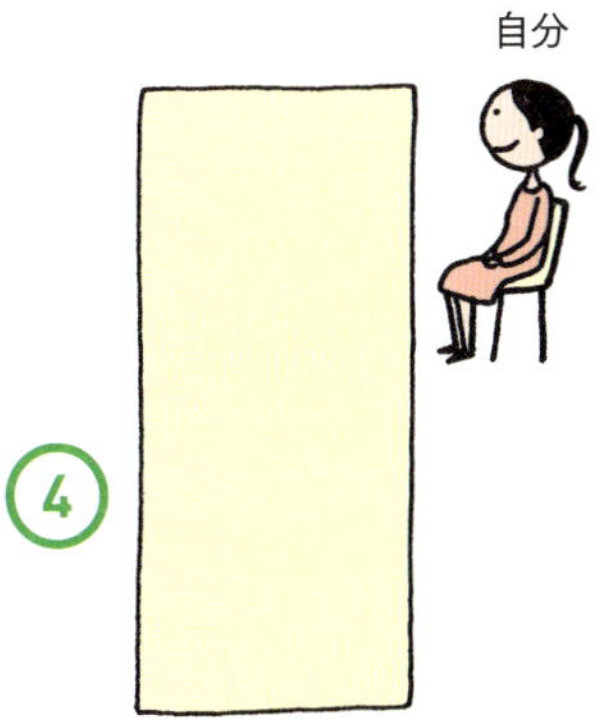

④の席を選んだ場合

別々の作業をするときなどの座り方。話し合いには不向き。話をするときにこの席を選んだとしたら、相当疎遠な仲で、対立を前提としていることになる。

③の席を選んだ場合

一般的な座り方。対立・競争・説得など深刻な話題のときにも真正面の席を選ぶことが多い。親しい人が改まった感じでこの席に座ったなら、そのような話題になるかもしれない。

3人以上で話すときの座り方

どの席に座るかで、その人がどんなタイプかを推測することができます。

Aの席を選ぶ人

強い統率力を発揮したいリーダータイプ

Bの席を選ぶ人

リーダーシップを発揮するタイプではないが、会議に参加する意思はあり、発言も行う人

Cの席を選ぶ人

対人関係を重視するリーダータイプ、あるいはAのリーダーの補佐的役割の人

Dの席を選ぶ人

会議の内容に興味がなく、促されない限り発言をしない人

一般に会議などでは、Aにリーダーが座り、Bにリーダーをサポートする役割の人が座ると、議事がスムーズに進行する。ブレーンストーミングのような自由な雰囲気のミーティングならば、リーダーはCに座るほうがよい。

カフェのどの席に座る?

A 隅に座る

人間には、自分がいる位置を常に確認しておきたいという心理が働くため、全体が見渡せる隅に座ることを好む。自分は目立たないし、他人を観察することもできる。

B 隅で壁に向かって座る

他人と関わりをもちたくない、内向的な人が多い。

C 入り口に近い席に座る

落ち着きのない、せっかちな人が多い。

D 中央に座る

自己顕示欲が強く、他人にはあまり関心がない人が多い。

PART 4

外見からわかる心理

01

話をしたくないときのサイン

商談や仲間とのおしゃべりなど、さまざまな会話の場面で、相手が次のようなしぐさを始めたら、もうその話はしたくないというサイン。さっさと話を終わらせるか、結論を言ってしまうのが得策といえるでしょう。

相手のしぐさに注意

1度に3回以上うなずく

回数の多いうなずきや話の流れを無視したうなずきは、話を早く切り上げてほしいサイン。面倒になったという意思表示でもある。

意味のない動作を繰り返す

飲み物のカップが空なのに飲む、意味もなく手帳を開く、メモを書き出す、携帯をいじるなどといった動作を繰り返す。

耳や髪を触り出す

単なるクセの場合もあるが、話を聞きながらこのしぐさをするのは、相手の話をやめさせたいというサインである場合もある。表情や反応にも注意して。

咳払いをする

わざとらしい咳払いは、「拒否」を伝えるサイン。その話の内容に異を唱える意味を含んでいる場合もある。

理由をつけて席を離れる

「ちょっと電話を」「ちょっとお手洗いに」などと理由をつけて席を離れることが重なったら、早く帰りたいというサイン。

イスから腰を浮かせる

立ち上がる準備動作で、一刻も早く立ち去りたいという無意識の意思表示。イスのひじ掛けをつかむなどの動作も。

タバコをすぐにもみ消す

タバコに火をつけても、ほとんど吸わずに灰皿に押しつけ出したら、早く話を切り上げたいと思っているサイン。

「とにかく…」

こちらが話をしている最中に、相手が「とにかく」という言葉を使い始めたら、早く話を終わらせたいというサイン。

仁王立ち
(ひじを張って腰に手を当てる)

営業などで訪問先の相手が、仁王立ちの姿勢を取っていたら、相手はゆっくり話を聞くつもりはないというサイン。

MEMO
セールスの電話を断る方法

用件をなかなか言わないようなセールス電話がかかってきたら、「ご用件は何ですか?」とはっきり尋ね、「それは要りません!」ときっぱり断ることが肝心。最初に相手の話を聞く姿勢になってしまうと、手慣れたセールストークに乗せられ、電話を切るタイミングをつかめなくなってしまうかもしれません。

02

手・腕の動きからわかる、話すときの心理

相手が自分のことをどのように思っているかを知りたいときは、会話をしているときの相手の手や腕の動きを注意して観察してみましょう。

警戒心を表す手の動き

手を隠している

心理学では、手を隠す行為は相手の接近を拒否する心理行動とされており、特に1対1で向かい合っているときには、自分の気持ちを悟られたくないという心理の現れと見られている。

相手を受け入れるか拒否するか

腕組みをしている

心理学では、腕組みは自己防衛のポーズといわれ、相手を拒絶しているサイン。普段からよく腕組みをしている人は、警戒心が強く、自己中心的なくせに気が弱いという傾向がある。

両腕を広げている

両腕を広げて相手に向かって差し出しているのは、相手を受け入れている心理状態を表す。

会話中の手の動きに注意

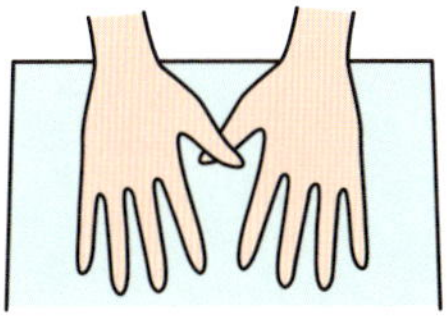

握らずに指を広げている

リラックスしている。あなたを受け入れている状態。

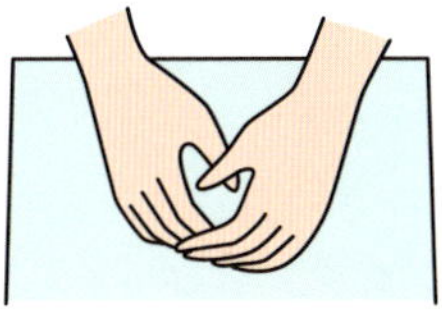

手を隠している

まだ脈あり。会話を続けることができる。

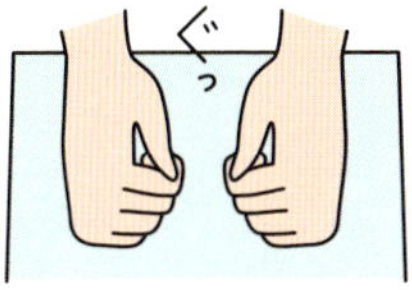

こぶしを固く握っている

「ノー」のサイン。話を聞きたくない。

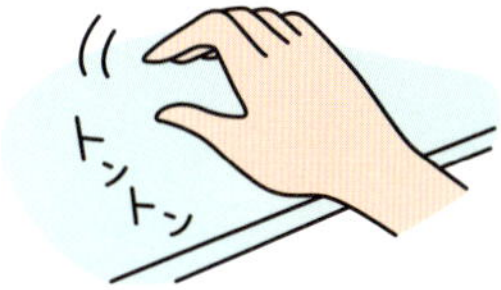

指でテーブルを叩く

トントンとテーブルを叩くのはいら立っているサイン。

手で何かをさわる

鼻に手をやる

話を聞いている人が鼻に手をもっていったときは、あなたの話を「本当なの?」と疑っている確率が高い。

あごに手をやる

「防御」のサイン。相手の口攻撃から自分を守ったり、自分が誤った発言をしないようにと慎重になっている。

時計をさわる

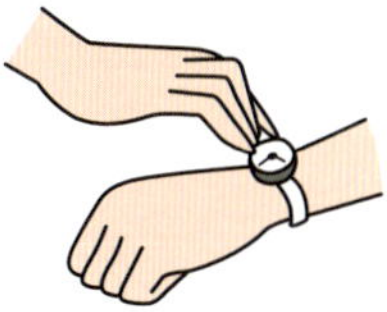

時間はたっぷりあるのに、時計をさわりながら話をする人は、その動作によって緊張を隠そうとしている。

03

頭の動きなどからわかる、話すときの心理

話しているとき、相手は自分をどう思っているのか、気になるものです。
また、自分が相手にどう思われているのかも、態度からわかります。
相手に気に入られたいときは、特に自分の頭の動きや態度に気をつけましょう。

からだの動きと感情は連動する

聞いている話に興味があるとき

上体を前へ傾けて頭を前へ出し、脚を後ろへ引く傾向がある。

話に退屈しているとき

頭を左右どちらかに傾けたり、頭を下げたり、片手で支えていることが多い。

相手に興味をもっている

人は、誰かに興味をもてば、その人のことをもっと詳しく知りたいと考え、相手にもっと近づき、よく見ようとする。そこで、灰皿などテーブルの上にあるものを横にどけるといった行動をする。

うなずき方からわかる心理

身を乗り出して うなずく

相手に好意をもち、話の内容に興味をもっている。

3回以上 繰り返しうなずく

社交辞令としてうなずいているだけかも。そのようなときは相手の表情を観察して。

話の流れを 無視してうなずく

話の内容や会話のリズムを無視してうなずくときは、拒絶しているサイン。

こんな態度にも注意

あごを引いて 上目づかいになる

何か反論があるとき。無意識のうちに、威嚇《いかく》し攻撃する態勢を取っている。

落ち着きがなくなる

時計をチラチラと見たり、携帯をいじり出したり、メガネやネクタイを触り出したりなどすると、今の状態が面白くなくなっている。脚を組み替えたり、ブラブラさせたり、投げ出したりと、脚の動きに落ち着きがなくなったら、その場から早く立ち去りたいという心境。

MEMO

好意を示すシンクロニー（同調）

　あなたが飲み物を飲んだら相手も飲んだり、あなたが首を傾《かし》げたら相手も傾げるなど、自分と同じような動作をしたら、その人はあなたに好感をもっていると考えられます。好意を寄せている人と一緒にいると、いつの間にかその人と同じしぐさをしたり、似たような行動を取る傾向があります。心理学ではこれを「シンクロニー（同調）」と呼んでいます。嫌いな相手に対しては起こらない現象です。

04

顔の形・パーツ・表情から何がわかる？

人はまず相手の顔を見て第一印象を判断するのではないでしょうか。また、相手にどんな印象をもつかで、相手の対応が変わることもあります。顔の形、顔色や表情は、その人を印象づける大切なものなのです。

顔の形で読む性格

丸顔

ぽちゃっとした顔は、それだけで相手に好感を与える。性格も社交的な人が多い。

顔の左側はプライベートの顔、右側はパブリックの顔

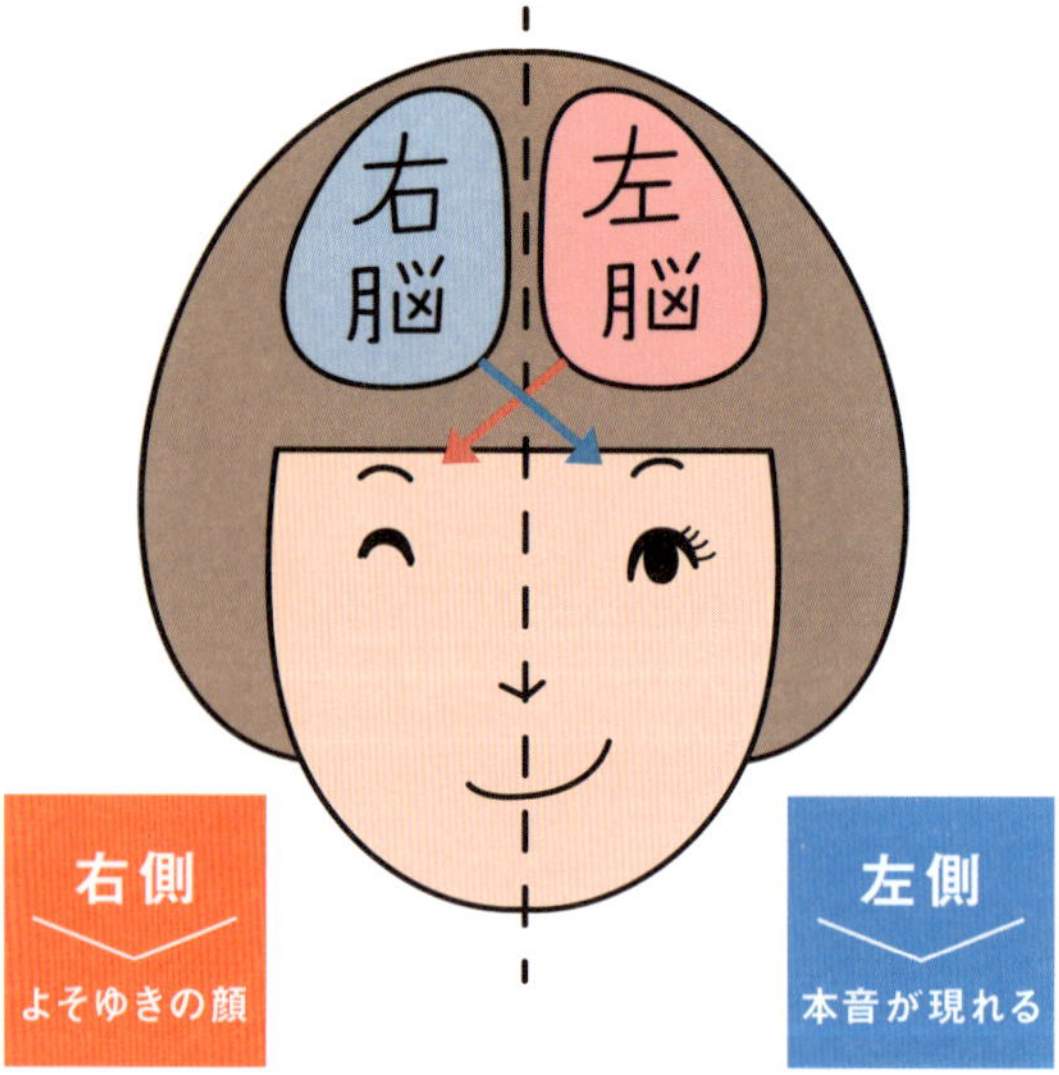

人間の顔は左右対称ではないように、表情も左右対称ではではなく、左側には本音、右側にはよそゆきの表情が出るといわれています。これは、右脳がイメージや感情を担い、左脳が言語や論理的な思考を司ることと関係しています。脳とからだの関係は、延髄《えんずい》交《こう》叉《さ》によって左右が逆になるため、感情は顔の左側に強く出るのです。

逆三角形の顔

あごが細く、シャープな印象を受ける。頭がよく感性も鋭いが、繊細で粘り強さに欠ける。

角張った顔

えらが張って角張った顔は、根性があって頑張り屋タイプ。頑固者の印象も。器用ではないが、大器晩成型。

人間関係を左右する「符号化」と「解読」

心理学では、自分の気持ちを表情などで表すことを「エンコーディング（符号化）」、相手の発信した符号を読み取って、相手の気持ちを理解・推測することを「デコーディング（解読）」といいます。

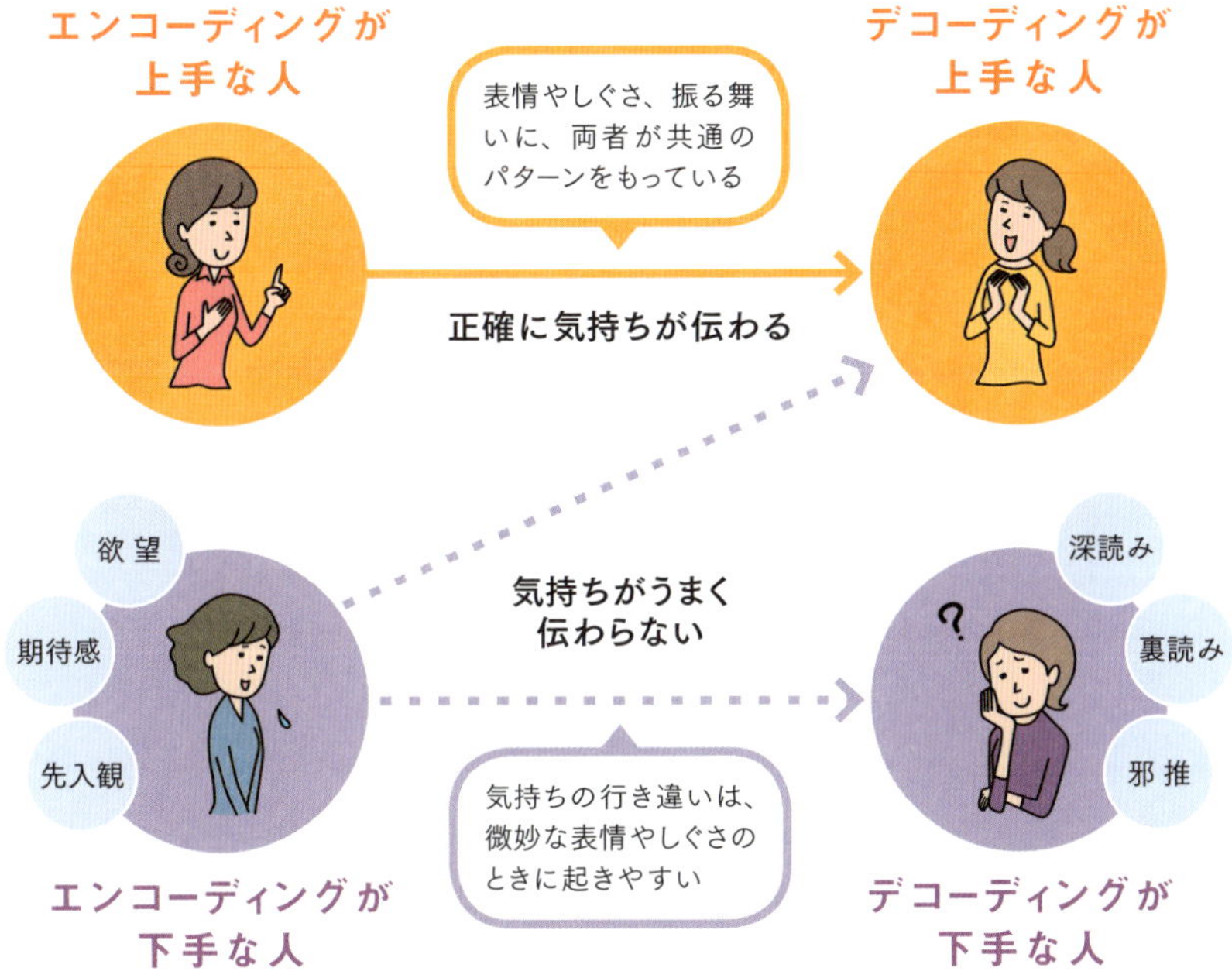

目の大きさでわかる性格

大きな目

好奇心旺盛で、学習意欲のある人が多い。行動力はあるが、せっかちで計画性がないため、先回りしてシミュレーションしがち。その挙句、取り越し苦労をすることも。基本的に、素直で優しく、責任感が強いのが特徴。そのため、精神的ダメージを受けやすい面もある。

小さい目の人

物事をじっくり見定めてから行動する傾向がある。そのため、目の前のチャンスを逃しやすく、また何か問題が起こったときにも、解決を先送りしがち。ただし、じっくり考え、コツコツと物事を進めていくのは得意で、人生の計画や目標を立て着々と励んでいる人が多い。

プライドの高さは鼻に現れる

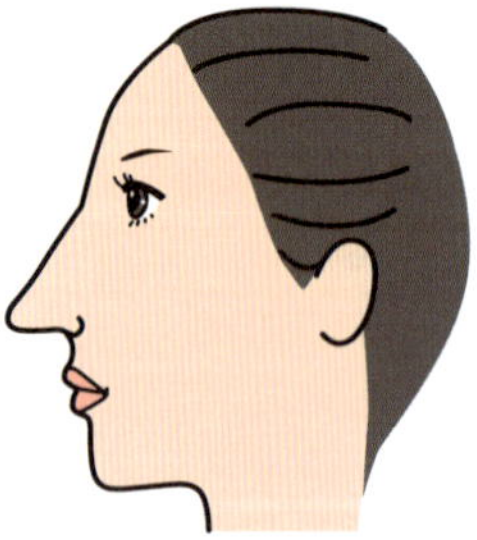

高い鼻

自尊心が強いタイプが多い。自信家で、何事にも積極的。「鼻が高い」だけあって、天狗になりやすい傾向も。

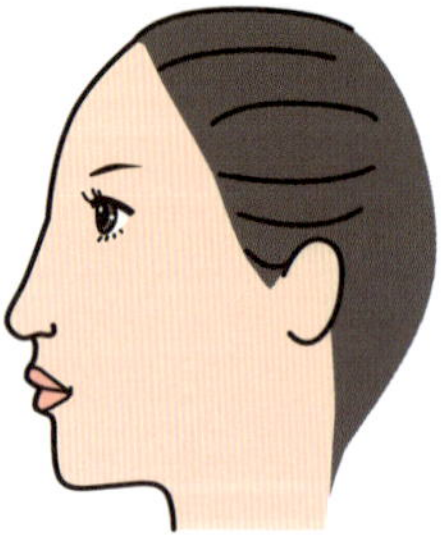

低い鼻

鼻が高い人に比べると消極的で、チャンスが到来しても、一歩引いてしまうことも。その控え目さで、周囲に気に入られやすい傾向がある。

MEMO 無表情は疲れている?

人に弱みを見せたくないという気持ちから、自分の弱みを表情に出すまいとして、うれしさや楽しさ、怒り、悲しみなどの表情まで表に出さなくなってしまう人がいます。常に無表情の人は、精神的、肉体的に疲れている、もしくは心の病に発展している場合があります。

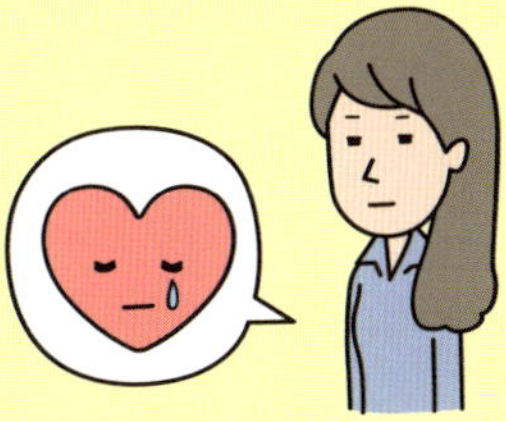

行動力を表す口

大きな口

行動的で活発な印象。周囲を明るくするエネルギーがある。口も達者だが、深慮に欠けることも。

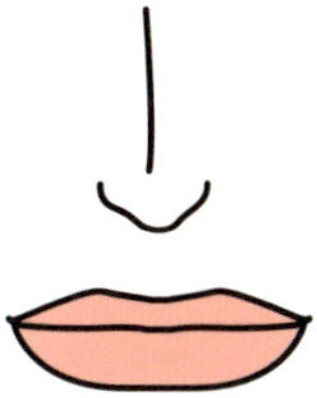

小さな口

大人しいイメージがある。控え目で、気遣いができるタイプ。大きな口の人と組ませると、うまくいくことが多い。

MEMO 感情の変化で顔色も変化する

動揺したり、恥ずかしいと感じたり、強い不安をもったりすると、顔が赤くなるものです。これは誰にでも起こることで、生理的な反応といえます。

怒ったときにも顔が赤くなりますが、これはアドレナリンというホルモンの分泌によって血圧が上がり、血のめぐりがよくなるからです。

動揺や不安がさらに増すと、顔が青ざめることもあります。

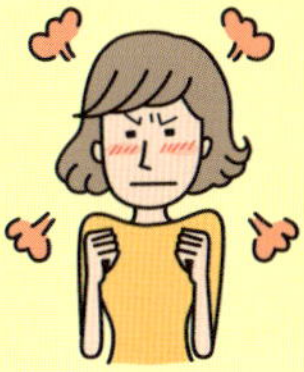

恋愛の傾向がわかる唇

厚い唇

情熱的で情が深く、恋をすると一気に燃え上がる傾向がある。仕事も同様で、愛着を感じれば、最後までやり抜く。

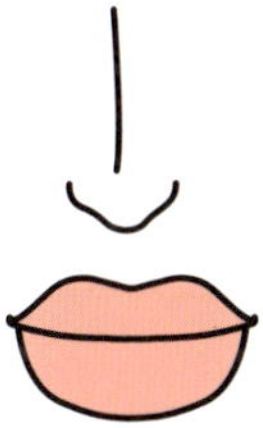

薄い唇

理性的に行動する人で、クールなイメージがある。恋愛相手も、自分に得がなければ早めに見切りをつけるタイプ。仕事なども、冷静に合理的に片づけられる。

05

目の動きからわかる、話すときの心理

「目は口ほどにものを言う」「目は心の鏡」などというように、目や視線は、その人の心理状態をよく表します。目から相手の心理を読み取り、コミュニケーションに役立てましょう。

目がどちらに向いているか

左上を向く

過去の体験や前に見た風景を思い出している。

右上を向く

今まで見たことがない光景を想像している。あるいはウソをつこうとしている。

左下に向く

聴覚に関わるイメージ(音楽や声など)を思い描いている。

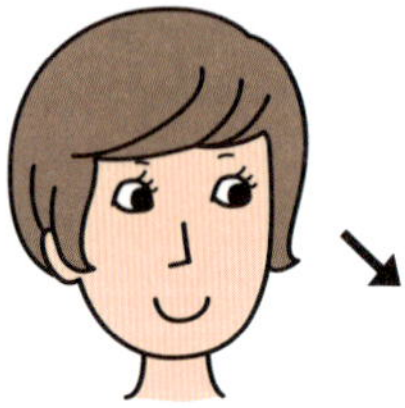

目が右下に向く

身体的なイメージ（肉体的な苦痛など）を思い描いている。

目の動き方

視線を下にそらす

気が弱く、相手を怖がっている。

右か左に視線をそらす

相手を拒否している、あるいは好意をもっていないとき。

左右にキョロキョロ動かす

落ち着かない、不安感がある。いろいろ考えをめぐらせているとき。

上目づかいで話す

相手に対してへりくだっている。また、受け身で、甘えたり、頼ったりするとき。

見下ろして話す

相手より自分のほうが偉いと思っている。相手をリードしようと思っていて、支配的になっている。

MEMO

まばたきは緊張や不安の表れ

まばたきの多さがクセになっている人もいますが、一般に、まばたきが多くなると緊張や不安が高まっていると見ることができます。会話の途中で、急にまばたきが増えたら、話の内容がその人にとって緊張や不安を感じるものとなったことを示しています。ですから「この人はこの話題に触れられたくないのだ」と理解することができます。

また、気の弱い人も、相手と目を合わせることが怖くて、その緊張でまばたきが多くなる傾向があります。

06

笑い方で性格がわかる

笑いはみんなを楽しくさせるし、本人も楽しいから笑っていることが多いでしょう。しかし、笑うときの状況や気持ちはさまざまです。そして、笑い方も人それぞれに違います。笑い方でその人の気持ちを読むことができるのです。

笑い方もいろいろ

「フフフ」と含み笑いをする

感情のコントロールができる人。笑いながらも、自分の表情に気を遣ったり、周囲の表情を観察する余裕がある。相手を小馬鹿にしていると感じさせることも。

「ハッハッハ」と快活に笑う

口を大きく開けるので、相手に心を開いている証拠。朗らかで、冗談好き。一方、感情のコントロールが苦手で、ストレートにものを言ってしまうこともある。

笑顔の頻度

よく笑う人

親和欲求（➡ P36）が強い。人と仲よくなりたい、いつも人と一緒にいたいと思っている。気持ちに余裕がある。

あまり笑わない人

いつも緊張した生活をしていて、好奇心旺盛なタイプ。競争心も強いので、同僚や仲間にライバルを見つけて、張り合おうとする。

「ガハハ」と豪快に笑う

心から豪快に笑う場合は、小さなことにこだわらない人。

不自然な笑い方の場合、劣等感や不安、気の弱さを隠そうとしている。相手を威嚇《いかく》するときにもわざと豪快に笑ってみせる。

「フン」と鼻で笑う

相手をバカにしている。エリート意識が強く、鼻持ちならないと感じさせることが多い。

MEMO

笑う門には福来たる

心理学のある理論からいうと、笑顔は「ごほうび」「報酬」の意味をもちます。親が子どもの笑顔に癒されたり、「よくできたね」とほめると笑顔が返ってくるなど、笑顔は「ごほうび」であり、それにより両者の絆がさらに強まります。

医療の分野では、笑うことで免疫力が高まることが実証されています。実際、笑うことで健康づくりをする活動もあるほどです。

まさに「笑う門には福来たる」といえるでしょう。

作り笑いの見分け方

本当におかしくて笑うとき

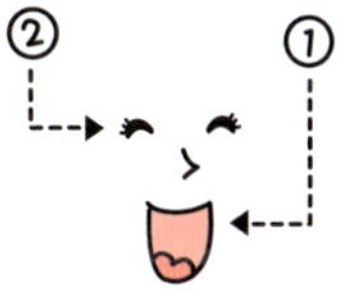

まず口が笑って、次に目が笑う。また、からだ全体も楽しげに動く。

お世辞笑い

- 目と口が同時に笑う。
- 顔の右側だけ笑っている(➡P162)。
- 口が笑っていても、目が笑っていない。

笑いには、お世辞笑い、お追従《ついしょう》笑い、愛想笑いといった、道具としての笑い(作り笑い)もある。相手との親密さを演出するための笑いである。

07

心の動揺を鎮めるための手・腕の動き

髪を触る、頬やあごを触るなど、自分のからだを触る行動を「自己親密行動」といいます。つまり、自分自身をかわいがる行動で、緊張や不安を感じたときに、無意識のうちにそれを鎮めようとしているのです。

動揺したときに無意識に出るしぐさ

頭をかく

髪に触る

鼻をつまむ

手を組む・離すを繰り返す

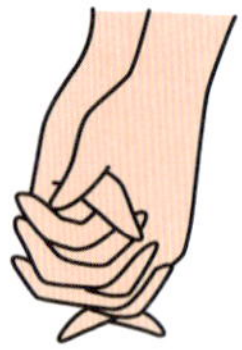

手をこする

机の上にあるものを触る

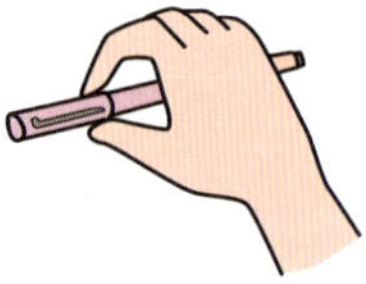

ボタンを触る

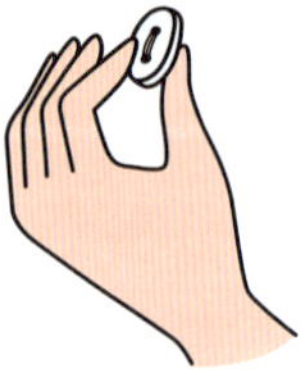

紙を丸める

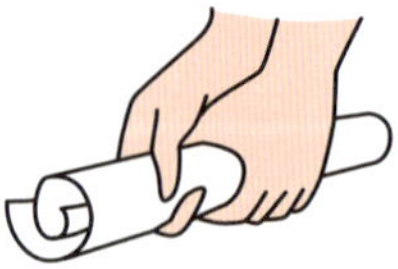

警戒心を表す腕組み

腕組みの姿勢は、「防御」を表す。相手と自分の間に腕を置くことによって、相手を拒否する警戒心を表現し、自分は安心感を得る。周囲の人も、腕組みをされると近寄りがたい印象を受け、その人が心を開いていないと感じる。

手の内を見せる態度

手のひらを相手に見せて話す人は、文字通り手の内を見せる人。開放的で、相手に対して親密な気持ちをもっている。隠し事ができないタイプ。

やましいことがあるとき

鼻をこする、目をこするなどは、心にやましいことがあるときに、顔の表情を読まれないようによくする動作。ウソをついたり、言い訳をするときにも出る。また、内向的で、本心を上手に伝えられない人も、こうしたしぐさをすることが多い。

MEMO

頬づえは、誰かに慰めてもらいたい?

頬づえをついて、目もぼんやりしていたら、話が面白くない、退屈しているといった意思表示をしています。

頬づえは、自分を慰めてくれる人の腕の代償と考えられています。1人で頬づえをついている場合は、自分の頬を両手、あるいは片手で包んで、自分自身を慰めているのです。自分を安心させる自己親密行動といえるでしょう。

あるいは、「誰かに支えてほしい」というサインのときも。バーなどでこんな女性を見かけたら、男性は積極的に声をかけてみるといいでしょう。

08

足の動きからわかる、話すときの心理

人と話をするとき、まず目が行くのが顔、次は手でしょうか。足にはなかなか目が行きませんが、足にもさまざまな表情があります。本人も足までは意識しない場合が多い分、本当の気持ちが表現されることが多いようです。

会話中に無意識に出るしぐさ

脚をまっすぐに閉じている

よそよそしさがあり、相手に踏み込まれたくないと思っている。

脚を開いている（男性）

相手に対して開放的。好意を示している。

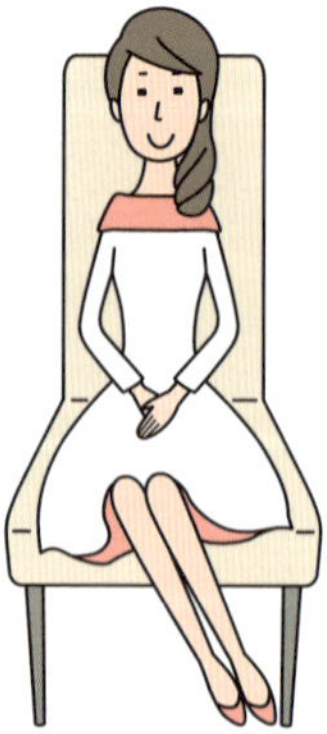

両脚を揃え、左右どちらかに傾ける（女性）

自信家で、プライドが高い。おだてると調子に乗りやすい。

右脚を上にして組む

やや内気な性格で、何事にも控え目。

左脚を上にして組む

積極的で、開放的な性格。自分のペースで話を進めたがる。

足首をクロスさせる

幼稚でロマンチストな人が多い。

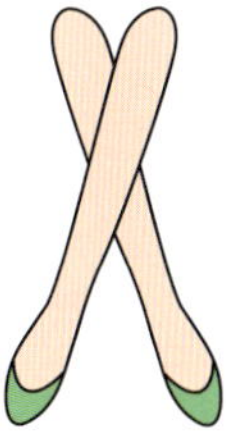

頻繁に脚を組み替える

退屈している。そのために気分を変えようとしている。

脚を前方に投げ出す

話に興味がない。退屈している。投げやりになっている。

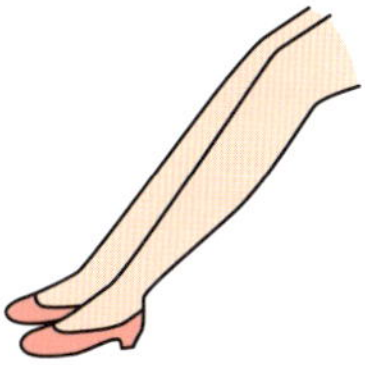

脚がドアのほうに向いている

よそよそしさがあり、相手に踏み込まれたくないと思っている。

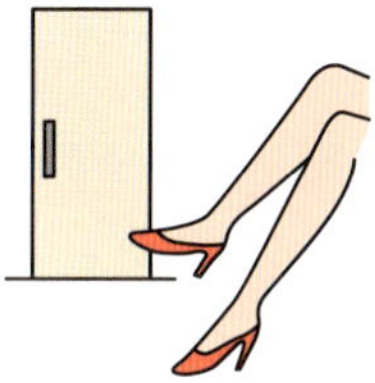

MEMO

相手が気にする「貧乏揺すり」

話をしている間、相手が貧乏揺すりを始めると、とても気になります。早く貧乏揺すりをやめてくれないだろうかと思うのではないでしょうか。

足を細かく揺する貧乏揺すりは、実は、その振動を脳神経に伝えることで、緊張やストレスを和らげる効果があるといいます。つまり、イライラしているとき、緊張や不満を感じているときに現れることが多い動作なのです。相手が貧乏揺すりを始めたら、立ち入ってほしくない話の内容なのかもしれません。

09

個性と心理状態を表すスタイル

いつの時代にも流行はあります。ファッションも、流行を取り入れつつ、個性を表現しようとします。また、その人の心理状態によっても、ファッションやヘアスタイルは変化します。「その人らしさ」がわかるのです。

ヘアスタイルでわかる心理

ロング

女性らしさをアピールしたい人。家庭的ではない人が、それを隠すためにロングにする場合もある。

セミロング

ロングでもなくショートでもない、無難な印象を与えたい人。ロングやショートとは違い、目立たない。容姿に自信のない女性に多い。

ショート

積極性、活発な雰囲気を出したい人。

髪で目や耳を隠す

内向的で、周囲との関わりを避ける傾向がある。

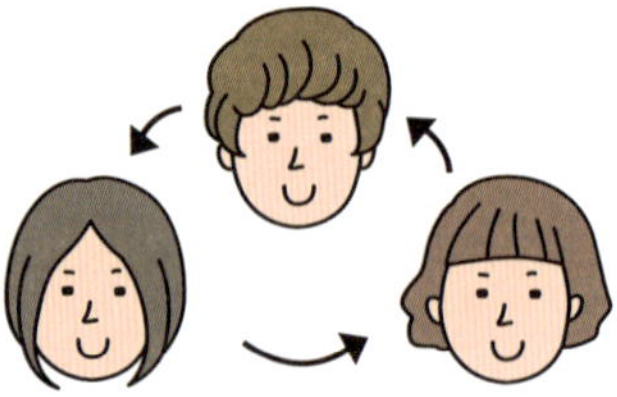

ヘアスタイルをよく変える

周囲に注目されたい気持ちがある。反面、自分へのいら立ちや不満から精神的に不安定な状態の場合も。

ネクタイでわかる心理

斜めストライプが多い

無難なデザインで、この柄を好む人は協調性がある。突飛な行動を嫌う。

派手な柄を好む

好奇心旺盛で、積極的に行動する。ただし飽きっぽく、途中で断念することも多い。

水玉柄を好む

自信家で、実際に実力も伴っている。穏やかで人気者。特に女性には優しい。

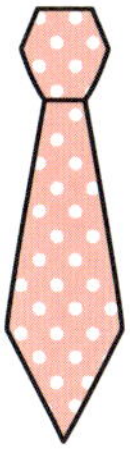

帽子が好き

自意識が強い。部屋の中でもかぶっている人は自意識過剰の傾向あり。

アクセサリーが好き

見栄っ張り。その数が多いほど自信のなさを表している。内面が薄いので、外面でカバーしようとしている。

ブランドものが大好き

借金をするなど、無理をしてまでブランド品を身につけようとする人は、劣等感をそれで埋め合わせしようとしている補償行為の表れ。

色の好みでわかる心理

赤系統

活動的で積極的、攻撃性といった外向性がある。パワーを感じさせる。

青系統

安定、信頼関係、礼儀を感じる。客観的に物事を考え、判断できる。

緑系統

頑固で、自負心、優越感が強い。環境問題など、社会派の人が多い。

紫系統

神秘的で、感覚的な雰囲気。ロマンチスト。自尊心が強く、高慢な印象も。

茶系統

協調性、安全性を感じさせる。人との和を大切にするタイプ。

モノトーン

秘密主義の傾向。自分のことはあまりしゃべらず、マイペース。

MEMO

ペルソナ効果を高める化粧

人間の普遍的無意識には人類が共通してもつ普遍的な型、元型(アーキタイプ)があると考えました。その1つがペルソナ（仮面）です。つまり、その人が社会に対して演じている役割のことです。

化粧もペルソナ効果といえます。化粧には普段とは違う自分になれるという効果があります。中でも他人からどう見られるかを強く意識（公的自己意識）する人は化粧に念を入れ、鏡を見る回数も多くなります。公的自己意識がさらに強くなると、化粧方法を何度も変えてみたくなり、そうするうちに、どんどん化粧が派手になっていきます。

PART 5

ビジネスシーンで読める心理

01

場の雰囲気を読み、話し方や話題を変える

自分の意見を認めさせるのが上手

優れた観察力と注意力

世の中には、やけに**自分の意見を認めさせるのが上手な人**がいます。会議で大勢意見を退け、自分の意見を認めさせたり、プレゼンテーションで、まったく興味を示さなかったクライアントから契約を取ったり、まさにビジネスマンの鏡。でも、いったいなぜそのようなことができるのでしょうか。

コミュニケーション能力が高かったり、もちろん人柄のよさもあるかもしれません。しかし、一番ポイントになるのは、どうやって相手を説得できるかです。一般に、クライアント対応の上手な人は**場の空気を読むのが上手**だいわれていますが、このタイプの人は、往々にして**観察力、注意力が共に優れている**人が多いので、相手の心理や場の雰囲気を読むことが可能になります。

また、コミュニケーション能力が高い人が多く、場の雰囲気を瞬時に読み、それに合わせて話し方や話題を変えることが可能です。２つのパターンの話し方を上手に使い分けるので、相手の興味をそらすことがないのです。

場によって話し方を使い分ける

２つのパターンの話し方とは、１つが先に説明をしておいて最後に結論を述べるもので、**クライマックス法***といいます。もう１つはそれとは逆に、先に結論を言っておいてあとから説明をつけるもので、これを**アンチ・クライマックス***

＊**クライマックス法とアンチ・クライマックス法**　話の組み立て方のこと。結論を先にするか、あとにするかの違い。営業スキルの１つとして知られる。

ス法といいます。

一般的にクライマックス法で話しかけてくる相手には、クライマックス法で話を返すことを好み、またアンチ・クライマックス法で話しかけてくる相手には同様にアンチ・クライマックス法で話を返すのを好むといわれています。

また、この2つの話し方は、場合によって効果が異なります。**相手がこちらの話に興味をもっている場合はクライマックス法が、相手に聞く準備ができていない、話す内容にまったく興味がない場合はアンチ・クライマックス法が効果的**といわれています。

クライマックス法とアンチ・クライマックス法

クライマックス法とアンチ・クライマックス法のどちらが効果的かは、相手の様子や場の雰囲気により異なります。双方の違いをよく理解して、使ってみましょう。

クライマックス法

話し方	先に説明をしておいて、最後に結論を述べる
好むタイプ	前置きや形式にこだわる人、粘り強い人
効果的な状況	面談・面接など、相手がこちらの話に興味をもっている場合

アンチ・クライマックス法

話し方	先に結論を言っておいて、あとから説明づけるもの
好むタイプ	論理的で合理的な考え方をする人
効果的な状況	相手に聞く準備ができていない場合、相手がまったく話す内容に興味がない場合

02

強いコンプレックスを部下に押しつける

部下の失敗を罵倒する上司

精神の安定を図る自己防衛の一種

上司の中には、些細なミスでも部下を罵倒したり、暴言を吐いたりする人がいます。人は権力をもつと、それを行使したくなる傾向がありますが、**部下を罵倒する上司は内面にコンプレックス**を抱えている場合が多いようです。

自分に自信がなかったり、また部長自身も上司からの非難を受けているなど、自分の中の好ましくない欠点や感情を、そのまま部下に押しつけ、まるで部下の欠点であるかのようにしているのです。これを心理学では**投射***といいます。**部下を攻撃したり罵倒したりすることで、自分の精神の安定を図っている**のです。自己防衛の1つですが、周囲には迷惑な心理といえます。

怒り方をみれば心理がわかる

人が怒る際、その人の心理が表れます。部下に対して、わざわざ席まで来て、部下を見下ろしながら怒る上司は、上下関係を重要視し、相手（部下）に対して自分より低い位置にいるのが当然だと考えています。また、部下を呼びつけ、立たせたままで怒る上司は、自分の地位が絶対的であると確信しています。

人目のない場所（部屋）へ呼び出して怒る上司は、もし目線を同じくして怒る場合は、部下と自分を同格と見ている表れです。これは部下のことを思って叱っているので、理想の上司といえるでしょう。もし上司から怒られる機会があったら冷静に状況を観察してみてください。

＊**投射**　自分のもっている好ましくない感情や衝動などを、他に転嫁すること。本当は自分が嫌っているのに、相手が自分を嫌っているのだと考えるなど。

上司の怒り方から心理を探る

仕事でミスをして上司から怒られたり、また同僚が上司から怒られている場面を見ることもあると思います。仕事のミスは素直に反省することが大切ですが、怒られるときは上司の性格を見抜く絶好のチャンスでもあります。怒り方には人間の微妙な心理が現れるからです。

① わざわざ席まで来て、見下ろしながら怒る

上下関係を重要視している。相手に対して自分より低い位置にいるのが当然だと考え、見下している。

↓

自分のことしか頭になく、もし部下がミスをしても、かばってくれない可能性が大

② 部下を呼びつけ、立たせたままで怒る

自分は座ったままで、下から部下を仰ぐように見て怒ることができるのは、自分の地位が絶対的であると確信している現れ。

↓

部下をまるで持ち駒のように考え、状況によっては捨て駒にすることも

③ 人目のない場所（部屋）へ呼び出して怒る

わざわざ人目のないところへ呼び出し、目線を同じくして怒る場合は、部下と自分を同格と見ている現れ。

↓

部下のことを思って叱っていることが伝わってくる。理想の上司像

03

ほめ続けると成績が上がる

やる気を生み出す自己成就予言とピグマリオン効果

自分自身への期待が芽生える

上司が部下に対して、「昨日の君のプレゼンはよく考えられていて感心したよ」とか「クライアントへの対応が上手だね」などと、**意図的にほめ続けていくと、次第に部下の営業成績が上がる**ことがあります。実際はほめるほどのことではなくても、ほめると同様な効果が現れます。これは人の心理をうまく刺激したことで生じる効果です。

人は誰しもほめられるとうれしくなり、たとえお世辞だとわかっていても気分がよくなります。そして、ほめられ続けると、自分が考えている以上に能力があるのではないかと思うようになります。するとプライドも刺激され、自分に期待をもつようになり、次第にそのように変化していくのです。これを心理学では**自己成就予言**＊といいます。

実はこの変化は、自分の期待した結果になるように、意識あるいは無意識のうちに何らかの行動を取ったために現れるものなのですが、よく「きれいだ」「魅力的だ」とほめ続けられると、本当にきれいになっていくのと同じです。

上司の期待に応えようとする心理

部下の心理として、ほかにも次のようなことが挙げられます。

上司からほめられることで、自分は期待されているんだと思うようになり、どうにかしてその期待に応えようとする心理が働きます。それ

＊**自己成就予言**　個人が意識的または無意識的に、自身の予言や期待に沿うような結果を生じさせる行動を取ったために、期待通りの結果が出る現象。

で以前より仕事に励むようになり、結果として成績が上がるというわけです。

このように**上司が部下を信じて期待をかけることで、部下もその期待に応えようとする**ことを**ピグマリオン効果**といいます。

自己成就予言とピグマリオン効果のどちらも、ほめることで部下の心理をうまく刺激し、**やる気を起こさせる**ようにするものです。ほめる対象はどんなに小さなことでもよいのですが、よく観察して相手のよいところを見つけ出すことが大切です。

とはいえ、ほめすぎには注意が必要です。見え透いたほめ言葉は、かえって相手に不信感を与えることになりかねません。ほめ方やほめるタイミングなどには十分気をつけましょう。

一方、ほめるより、**叱ったほうが成績が上がるタイプ**もいます。上司から叱られると、上司に認めてもらいたいという心理が働き、より一層仕事に励むようになるのです。

ほめるのか叱るのかは、どちらがよいかは部下のタイプにもよります。ただ、どちらにしても人の心理を上手に刺激することで変化が生じることには違いありません。

心理学トリビア 「ピグマリオン」の由来はギリシャ神話

ピグマリオン効果の名前になっている「ピグマリオン」とは、ギリシャ神話に登場するキプロスの王様の名前で、次のような逸話があります。

現実の女性に失望していた王ピグマリオンは、ある日、自らが理想とする女性の彫像をつくらせました。でき上がった像を見つめているうちに、いつしかその彫像の女性に恋い焦がれるようになり、彫像が人間になることを願うようになりました。

王は像からひとときも離れず、次第に衰弱していきました。そんな王の姿を見かねた、愛と美と性を司るギリシャ神話の女神、オリンポス12神のうちの1人であるアフロディーテが、像に命を吹き込み、王の願いをかなえました。王とその女性との間には娘パフォスが誕生したといわれています。

04

特別扱いをされて調子に乗る

自己顕示欲が満たされ、快感を味わう

潜在的な心理状態と大きく関係

職場で上司や同僚たちから**特別扱いをされて調子に乗る人**がいます。そのような人は、ほかと違った扱いを受けることで大いに満足し、快感や幸福感を味わい、大いにテンションが上がっている状態といいえます。

これは、人が潜在的にもつ心理と大きく関係しています。人は、**ほかと違った扱いを受けることに魅力を感じる**ものなのです。というのも、注目されたり、特別扱いされることで**自己顕示欲**が大いに満たされ、快感や幸福感を得るからです。

さらに、調子に乗るタイプの人は常々、**「自分は認められていない」**と不満に感じていたり、**もっと認めてほしいと願っている**場合が多いといわれています。だから、特別扱いをされることで得られる快感や幸福感は、一般の人よりはるかに高くなります。たとえ周囲から「あいつ調子に乗っているな」と思われようが、テンションが上がるのも当然なのです。

能力以上のことをやり遂げることも

このような状態のときには、得てして能力や体調がよい方向に向かうものです。すると、「ブタもおだてりゃ木に登る」のごとく、たとえ能力の低い人でも、**気をよくする（テンションがアップする）と、能力以上のことをやり遂げてしまう**というわけです。実際にそのような経験がある人も多いのではないでしょうか。

＊**ホーソン効果**　特別扱いされたり、自己顕示欲が満たされたりすると、快感や幸福感を覚え、自分の能力や体調がよりよい方向に向かうこと。

このように、上司や同僚などから注目されることで生産性が高まることを心理学では*ホーソン効果といいます。かつてアメリカのシカゴの工場で照明の明るさと生産性との関係を調べる実験が行われ、その観察結果から導かれたもので、工場のあった地名から命名されました。

しかし、特別扱いされ、調子に乗りすぎて周囲から反感を買ったり、評価が落ちることもあります。あるいは、特別扱いがかえってプレッシャーとなり、やる気を失うこともないとはいえません。特別扱いも、調子に乗るのもほどほどが肝心です。

「特別扱い」から成果が上がるまで

特別扱いされるとつい調子に乗ってしまうことには、潜在的にもつ心理が大きく関係しています。成果が上がるまでの流れを紹介します。

特別扱いされたい・注目されたい

人が潜在的にもっている願望

↓

特別扱いされる

周囲から注目を浴びる

↓

自己顕示欲が満たされる

満足感を得る。テンションがアップし、「調子に乗る」状態がスタート。特別扱いの度合や、注目度が高ければ高いほど、満足度が増す

↓

快感・幸福感を得る

潜在的な願望が満たされ、さらにテンションがアップする

↓

能力や体力がよい方向へ行く

時として、別人のような状態になることもある

↓

成果が上がる

いろいろなことがうまく進み、成果となって現れる

05

緊急事態でもあわてず対処する

冷静に判断し、対処できるフラストレーション耐性

緊張感に耐える強さをもっている

自分の発注ミスで相手先に商品が届かなかったり、誤ってまったく別の商品を届けたり。そんな状況になったら、誰でも動揺し、冷静な判断をするのが難しくなるかもしれません。しかし、世の中には、**どんな大変なことが起こっても、あわてることなく、冷静にきちんと対処する人**がいます。このような人が職場に1人いると実に頼もしいものです。

一般に、大変なことにも動揺せず、冷静に対処できる能力を**フラストレーション耐性***といいます。この能力をもっている人の特徴は、何といっても**我慢強い**ことです。困難なことに直面すると、人はフラストレーション（欲求不満）を感じて、その緊張を解消しようと、攻撃的になったり逃避したりするなど、何らかの行動を取りがちです。しかし、フラストレーション耐性能力の高い人は、この**緊張感に耐えるだけの強さをもっている**ので、グッと耐えて状況が好転するのを待つことができます。さらに、その間には、状況を好転するための代替案はないか、考えを巡らす余裕ももっています。

また、このような人は、**物事に固執せず、状況に合わない場合はスパッとあきらめる、切り替えの速さ**ももち合わせています。困難な状況でも冷静に判断できるのは、その証拠です。

上手に気分転換して緊張解消

また、**気分転換が上手**なのもこのタイプの特

＊**フラストレーション耐性**　欲求不満耐性ともいう。フラストレーションを感じつつも不適切な行動をせず、その状態を耐える、乗り越える能力のこと。

徴といえるでしょう。いくら我慢強いとはいえ、フラストレーションを感じることは確かで、それを解消することが必要だからです。このタイプのもつ切り替えの速さで、仕事モードから一転、休日には映画を観たり、コンサートへ行くなど、充実したプライベートライフを送っている場合が多く見られます。

予想外の出来事に動ぜず、冷静な判断ができるこのようなタイプの人は、辛い状況になっても他人を恨まず、八つ当たりをしない傾向が強いので、職場では人望が集まり、中心的存在になっていることが多くあります。

フラストレーションへの反応のしかた

人はフラストレーション状態に置かれたとき、緊張を解消するためにさまざまな反応行動をします。その行動は、大きく5つのタイプに分けられます。

1 攻撃的反応

「体制が悪い」などと周囲を攻撃する

他者に対して悪口を言ったり、非難したりするなど、攻撃や破壊的な衝動を起こす。

2 退行反応

自分の意見が通らないと、駄々をこねたり、すねたりする

いわゆる「赤ちゃん帰り」をし、甘えたりするなど、幼児的な行動をする。

3 逃避反応

フラストレーションを感じる場面を避ける

フラストレーションによる緊張状態から逃れるために、白昼夢や空想の世界に逃げ込み、現実逃避しようとする。ゲームに夢中になるのも一例。

4 抑圧反応

フラストレーションを抑え込み過剰に適応する

フラストレーション自体を意識へ上らせないように抑え込む。

5 固着反応

役に立たない行動を無意識に反復する

爪を噛んだり、貧乏揺すりをしたり、頭をかきむしるなど。

06

手柄を独り占めする上司

権威主義で、自分の保身が最大の関心事

権威主義の中間管理職

会議で散々アイデアを募っておきながら、いざ企画を提案すると取り合ってくれなかったり、けなしたりする上司がいます。内容自体がよくない場合もありますが、複雑な上司の心理が大きく影響していることがあります。

こうした上司には**権威主義**の人が多いのが特徴です。世の中の「上司」といわれる人のほとんどは**中間管理職**で、その上司にもまた上司がいます。権威主義の上司にとって、さらに偉い上司が出席する会議では、自分をアピールすることに必死です。

このタイプの上司が好きなのは、仕事ができる部下ではなく、**できない部下**です。その裏に隠されているのが**コンプレックス**。**有能な部下に対する劣等感と、いつか自分の地位が脅かされるかもしれないという不安**があるからです。

企画が通り、見事成果を上げたときには、手柄を独り占めする可能性のあるのもこのタイプです。**自らの保身が最大の関心事なので、部下の立場より自分の利益を優先させます。**

仕事とプライベートが同等な上司

勤務中はテキパキと仕事をこなし、部下との付き合いは至ってフランクで、部下の企画やアイデアにも積極的に耳を貸す上司は、部下の企画が成果を出したら、部下の手柄としてほめてくれます。このような上司は、服装にも気を配り、仕事同様、趣味にも精力的に取り組み、充

＊**役割期待**　相互関係の中で認知された役割に寄せられる暗黙の期待のこと。例えば上司、教師、夫や妻としての役割など。「○○らしさ」に近い概念。

実したプライベートライフを送っているのではないでしょうか。

一見よい上司に思えますが、このタイプは、**たとえ部下が残業していても、自分の仕事が終わるとさっさと退社する**傾向があります。いざというときにも**「自分は自分」と割り切る**ので、部下の期待する上司とはいえません。

ちなみに、その「役割」に対する期待を**役割期待**[*]、それに応じた行動をすることを**役割行動**[*]といいますが、前述の2つのタイプは、部下から見ると、どちらも上司としての役割期待と役割行動を満たしていないといえるでしょう。

PM理論によるリーダーのタイプ

上司にはリーダーシップが必要です。そこで、社会心理学者、三隅二不二《みすみじふじ》がリーダーシップについて提唱したPM理論を紹介します。

PM理論とは

リーダーシップを「P機能（Performance function：目標達成機能）」と「M機能（Maintenance function：集団維持機能）」の2つの機能から考えた理論。PとMの組み合わせによって、4つのタイプに分けられる。一般的に、会社がピンチであるために集団のコミュニケーション強化を図りたい場合はP型、仕事が順調な場合はM型がよいとされている。

P機能：メンバーへの指示や叱咤《しった》激励などをして、生産性を高めるなど、目標達成する能力。
M機能：メンバーの立場を理解し、満足度を与えるなど、集団のチームワークを維持・強化する能力。

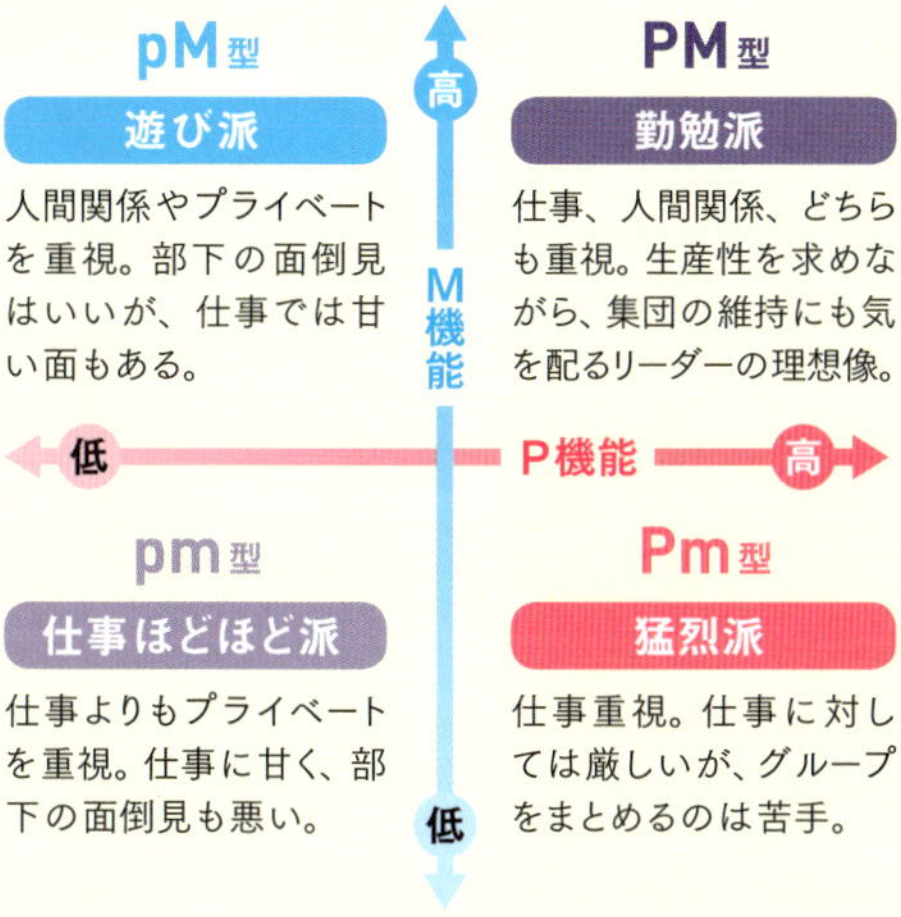

pM型
遊び派
人間関係やプライベートを重視。部下の面倒見はいいが、仕事では甘い面もある。
PM型
勤勉派
仕事、人間関係、どちらも重視。生産性を求めながら、集団の維持にも気を配るリーダーの理想像。
高
M機能
低
P機能
高
低
pm型
仕事ほどほど派
仕事よりもプライベートを重視。仕事に甘く、部下の面倒見も悪い。
Pm型
猛烈派
仕事重視。仕事に対しては厳しいが、グループをまとめるのは苦手。

※アルファベットの大文字はその面が強いこと、小文字は弱いことを指す。

＊**役割行動**　役割期待に応じたふるまいをすること。2者間で、それぞれが期待している役割を遂行していると互いが認知しているとき、関係が安定すると考えられている。

07

いつも手抜きをしようとする

仕事に興味をもてない場合と、社会的手抜きの場合がある

嫌なことは時間が経つのが遅い

職場で、いつも手抜きをしようとする人がいませんか。もともとやる気がなく、怠け癖のある人もいますが、中にはやる気がある人でも、仕事で手抜きをしてしまう場合があります。

誰だって**楽しいことや少々困難なこと、自分の関与度が高いことに取り組んでいるときは、時間が経過するのが早いと感じる**ものです。反対に、つまらないことや嫌なこと、自分にあまり関係のないことでは、同じ時間でも経過するのが遅く感じます。そして、時間を長く感じる作業や物事に対しては、やりたくない、避けたいという心理が働き、実際以上に嫌悪を感じてしまいます。

だから**やる気があっても手抜きをする人は、その仕事に対して興味をもてなかったり、つまらないと感じている**場合が多いのです。

集団になると手抜きが生じる

集団の中で作業をしていると、無意識のうちに手抜きをしている場合があります。

プロジェクトチームの会議を、2、3人の少人数で行う場合、多くの人は積極的に発言するのではないでしょうか。出席者が少ないので、一人ひとりの責任が大きく、自分の意見を言うことで、プロジェクトに参加しているという充実感や満足感を得ることができます。もっと貢献しようという意欲も出てきます。

しかし、出席者が増えると、無言で参加して

＊**リンゲルマン効果**　社会的怠惰、社会的手抜き。集団で協同作業を行うとき、人数が増えるに従い1人当たりの作業遂行量が低下する現象のこと。

いるメンバーの割合が増えていきます。これは目立ちたくないという思いと、**「自分がしなくても誰かがしてくれるだろう」**という心理が、無意識のうちに働くからです。なるべくなら面倒なことはしたくないという思いも加わって、気がつかないうちに仕事に対して手抜きをする

ことになるのです。これを心理学では*****リンゲルマン効果**または**社会的手抜き**といいます。

集団の中で手抜きを防ぐのはなかなか難しいことですが、個人を「〇〇分の一」ではなく、「1×〇〇」ととらえるだけでも少しは改善の効果があるはずです。

リンゲルマン効果とは

リンゲルマン効果（社会的手抜き）は具体的にはどのように現れるのでしょうか。会社での会議を例に、そのしくみを紹介します。

第1段階 ①

全体の意見の流れを追ってしまう

多くの人は発言する前に全体の意見の流れを追ってしまう傾向がある。もし自分の意見が大勢《たいせい》と異なる場合は、「間違っているのでは」と不安になり、意見を引っ込めてしまう。これを*同調行動といい、「集団から外れた行動をしたくない」という深層心理から出ている。

第2段階 ②

存在感の認識が低下する

集団の中では、〇〇分の1の存在で、自分の存在感の認識が薄くなっていく。「自分1人が頑張っても、どうせ大勢《たいせい》に影響しない」という心理が働く。

第3段階 ③

仕事への意欲が低下する

仕事へのモチベーション（意欲）が徐々に低下していく。すると無意識のうちに、「自分1人ぐらい手抜きしても大丈夫」と思うようになる。

結果

集団全体のモチベーションが下がり、無意識のうちに手抜きをするようになる。活気が失われ、想定していた成果が得られなくなる。

＊**同調行動**　周囲に同調して行動すること。多人数の中では、人は多数者（多数勢力）の行動や意見の影響を受けやすく、知らないうちに集団に合わせて変わっていく。

08

時間管理能力のなさ、段取りの悪さを裏づける

「忙しい」「時間がない」が口癖

「忙しいから仕事ができる」をアピール

あなたの周りに「あー、忙しい」が口癖の人がいませんか。ところがよく見てみると、「忙しい」が口癖の人ほど仕事の段取りや要領が悪く、時間を無駄にしているのではないでしょうか。**時間内に仕事を片付ける能力がないからこそ、忙しそうに振る舞っている**のです。つまり、仕事が遅い人の**逃げ口上**といえます。

「時間がない」という口癖も同じようなものです。「時間がないから、仕事を終わらせられなかった」のあとには、「だから、しかたがない」といったネガティブな言葉が続きます。

いずれの言葉も、**「忙しい人は仕事ができる人」であることをアピール**しようとしています。しかし、実際には、時間管理ができていない、段取りが悪い、時間にルーズだといったことを自分で証明しているようなものです。

本当に仕事ができる人は、「忙しい」とか「時間がない」といった言葉は口にしません。時間管理能力があり、段取りもよくできる有能な人は、だからこそ仕事を任せることができ、そういう人にこそ仕事を依頼したくなるものです。だから、仕事ができる人は、さらに忙しくなります。

こうした口癖はやめるに限ります。「忙しい」という代わりに、さっさと取りかかることです。「時間がない」ではなく「時間をつくろう」と考えることです。これが**パワー・ボキャブラリー***となって、口癖を改善してくれるでしょう。

＊**パワー・ボキャブラリー**　悪い口癖をよい口癖にスイッチする言葉のこと。人生の可能性を狭める言葉を、可能性を広げるために置き換える言葉。

「忙しい人」と「仕事ができる人」の違い

「忙しい人」とは「忙しい、忙しい」が口癖の人。
「仕事ができる人」は、「忙しい」とは口にせず、仕事の成果を上げる人です。
その違いはどこにあるのでしょうか。

忙しい人	仕事ができる人
「忙しい」と言うことで、周囲から「頑張っているな」と評価されたい	「忙しい」と言うと、無能を証明するようなものと思う
納期寸前で作業に取りかかる	納期よりずいぶん前から作業に取りかかる
2つ以上の仕事を同時進行できない	2つ以上の仕事を同時進行できる
スケジュールをつくっても、その通りにできない	スケジュール通りに仕事をする
仕事の目的と、最終完成物を、納期間際になって理解する	まずは仕事の目的と最終完成物を頭に入れてから仕事に取りかかる
期待通りの仕事ができない	期待を上回る仕事ができる
やり直しを命じられることが多い。そのためにやる気も低下していく	ほめられることが多く、やる気もさらにアップする
断ることが苦手で、余計な仕事を抱えてしまう	自分しかできない仕事を責任をもってやるため、能力を超えた仕事は引き受けない
段取りは、仕事に取りかかってから考える。また、そのための時間は少ない	まず段取りを十分時間をかけて考えてから、仕事に取りかかる
集中できる環境づくりがヘタ。意識が仕事に集中できない	集中できる環境づくりが上手
他人に頼むことや打ち合わせの進行がヘタ。自分がやったほうが早いと考えがち	他人への依頼のしかたや打ち合わせの進行が上手。スタッフを上手にまとめられる
納期が迫ってきて、徹夜で仕事をすることも。それがミスにつながる	時間管理ができているので、睡眠時間も十分に取れる。ミスも少ない
プライベートの時間がなかなか取れない	プライベートの時間もしっかり確保できる

09

「会議で失敗したらどうしよう」という不安を抱えている

会議で入り口近くに座りたがる

いつでも逃げ出せるように

会議や打ち合わせで、**いつも入り口近くの席に座る人**がいます。もちろん地震や火災など、緊急事態が起こったときにすぐに逃げられるようにといった理由もあるかもしれませんが、実は、**会議や打ち合わせに出席すること自体に、不安を抱えている**ことが多いようです。

このタイプの人は、会議で効果的な発言ができるか、ほかの参加者と良好な関係が築けるかなど、常に葛藤《かっとう》しています。だから、無意識のうちに、何かあったらすぐに逃げ出すことができるように、入り口近くの席を選んでしまうのです。会議中など、実際に逃げ出すことができない場合でも、入り口に近いところにいることで、不安を解消しようとしているのです。

スティンザーの3原則

ほかにも、参加者の行動や発言で、その人の心理がわかります。例えば、①以前に口論した相手がいるときはお互いに正面に座る傾向があります。②リーダーシップが弱い席上では、私語は向かい合わせの席同士で起こり、強いリーダーシップが取れる人がいるときは隣同士で私語が交わされます。③会議では、1人が発言し終わって、その次に発言する人は、前の人の反対意見を述べることが多いということ。この3点を、心理学では**「スティンザーの3原則」**[*]といいます。覚えておくと、実際の会議でも大いに役立ちます。

＊**スティンザーの3原則**　アメリカの心理学者スティンザーが発見した原則。会議などでの席の座り方や発言の流れなどに見られる3つの現象のこと。

行動や発言から参加者の心理を探る

会議や話し合いのとき、行動や発言からその人の心理状態を探ることができます。他の参加者の心理状態がわかれば、気持ちに余裕ができ、積極的に発言できるようになるかもしれません。

スティンザーの3原則

原則 ①

敵対的な相手（口論した相手など）は正面に座る傾向

対応策

敵対心むき出しの人が正面にいると話しにくいので、知っている人に正面に座ってもらうようにする。または事前にその人への対応策を考えておく。

原則 ②

議長（司会者）のリーダーシップが弱いときは、私語は向かい合わせの席同士で起き、リーダーシップが強いときは、隣同士で私語が起きる

対応策

議長となる人のリーダーシップ度を把握できる。

原則 ③

発言が終わったあと、次に発言する人は反対意見を述べる傾向

対応策

反対意見が出される前に、賛成意見をすぐに言ってもらえるように根回ししておく。また、反対されても冷静さを保つようにしたい。

1対1で話すときの座り方

リラックス

適度な近さで座る

1対1の最も一般的な座り方。

仲間意識

並んで座る

共同作業のときに適している。

説得や謝罪

向かい合って座る

改まった話をするときに適している。

会話を避けたい

はす向かいで離れて座る

個別に仕事をする場合に適している。

10

自分のアピールが上手

自分自身のことをわかっている人は状況把握もできる

人の印象は出会って3回で決まる

出会った**相手の印象**を、人はどのくらいで決めるのでしょうか。その時間については諸説ありますが、その人を**好きか嫌いかという二極化するまでの時間はほんの数秒足らず**で、その後の**大ざっぱな第一印象もわずか数分**で決まるといわれています。そして、このときの印象が、後々まで大きく影響していきます。

心理学用語に**スリーセット理論***というのがあります。この理論によると、**人は出会って3回目までに、その人の印象や評価をかなり固定してしまい、それ以降は単純に第一印象を強めることにしかならない**というのです。

よく「自分のよいところを、ゆっくり理解してくれればそれでいい」と言う人がいますが、一度印象や評価が固定してしまうと、相手の考えを変えることは難しくなるので、初対面の印象が非常に重要になってきます。

アピール上手は状況把握もうまい

相手に好印象をもってもらうには**アピール**が大切です。一般に、自分をアピールするのが上手な人は、自分に自信があり、自分についてよく知っている人といえます。能力だけでなく、長所、短所も含め、すべてを知らなければ、上手に自分をアピールすることはできません。

アピール上手な人は、相手の心理状態やその場の雰囲気などを把握するのも得意です。それらを無視して強引にアピールすると、「生意気

＊**スリーセット理論**　人は初めて会った人の印象や評価を、初対面から3回目でかなり固定化してしまうという理論。

な奴」「失礼な奴」などと思われ、悪印象を与えてしまう恐れがあります。
また、人がどんなことに好印象をもつかもわかっています。例えば、上司やクライアントから質問を受けたら、素早く、明瞭に答えます。すぐに言葉が出てこなかったり、回答を引き延ばしたりすると、相手に「頭がよくない」「自信がない」「優柔不断」といったネガティブな印象を与えてしまうでしょう。
自己アピールが苦手な人は、上手な人を観察し、真似てみることも1つの手です。学習は真似から始まるものなのです。

スリーセット理論の流れ

人の印象は、出会って3回目までに決まってしまうといわれています。このスリーセット理論を実践に役立ててみましょう。

1回目 ………… **大ざっぱに第一印象を決める**

「ひょっとして、こういう人なのかな?」と、印象らしきものをつくり上げる。

2回目 ………… **印象を再判定する**

最初の自分の判定が正しかったのか、もう一度判定しようとする。

3回目 ………… **印象を確認する**

単なる確認。相手の印象を固定化する。

4回目 ………… **印象を強める**

最初の印象をさらに強めていくだけ。それを変化させるのは難しい。

アドバイス

同じ人に3回会って、自分に対して好印象をもってもらえない場合は、無理して親密になろうとしないほうがいい。少し距離を置いてみよう。

11 業績より地位や権威に興味がある

上昇志向とは裏腹に、劣等感を抱いている

人知れず劣等感を抱いている

あなたの職場に、業績より地位や権威に興味をもっている人がいませんか。一般に地位や権力に興味のある人は、**上昇志向の高い人**といわれています。それも事実ですが、さらに心の奥を探ると、実は**人知れず劣等感を抱いている**ことが多いようです。

業績は能力を表し、地位や権威は身分や立場を表します。業績より地位や権威に興味をもつのは、周囲の人たちより自分の能力が劣っているという思いがあるからにほかなりません。そこで**上昇志向への思いを満たすために、地位や権威を求めるようになる**のです。

ちなみに劣等感が強い人は理想や目標が低いと思われがちですが、実際はその逆の場合が多く、**理想や目標が高いからこそ、それに到達できず、自己嫌悪を感じていることが多い**と思われます。このタイプの多くは、そこそこには仕事ができる能力のある人です。

部下を支配したいという欲求

では、地位や権威に興味をもつ、上昇志向の高い人が上司である場合、部下はどのように感じるでしょうか。

このタイプの上司は、**自分が出世することを第一に考えている**ことが多く、そのために成果を上げようとします。部下をまとめ、大いにリーダーシップを発揮して仕事に取り組みますが、その際、部下に対しては自分の管理下で働くこ

＊**支配欲求**　指示・命令により相手をコントロールしたいという欲求。相手や集団の指示に従って安定したい欲求は従属欲求（服従欲求）という。

とを求める傾向があります。

人を管理下に置きたいと願うことを、心理学で**支配欲求***といいます。これは社会的欲求の1つで、誰でももっているものです。自分の出世を第一に考える人は、一般的に支配欲求が強いといえます。

仕事を任せてくれるというプラス面はありますが、一方で有能な部下に対しては人知れず劣等感を抱いているので、もし部下が手柄を取ったときには怒ったりすることもあります。時には部下の手柄を自分の手柄にしてしまうこともないとはいえません。

社会的欲求とは

欲求があるからこそ、人は行動をします。欲求は深層心理に直結しているので、行動を見ればその人の心理を推測することができます。

支配欲求

他人の行動に影響を与えたい

▼

行動例　リーダーシップを取りたがる

服従欲求

指示や命令に従って行動したい

▼

行動例　尊敬する人に師事する

顕示欲求

自分を他人に印象づけたい

▼

行動例　ブランド品を身につける

達成欲求

何かを成し遂げたい

▼

行動例　困難な仕事に取り組む

親和欲求

人と結びついていたい

▼

行動例　サークル活動をする

承認欲求

自分の存在を認めさせたい

▼

行動例　好きな人に愛されたい

12

外見にこだわるビジネスマン

取引先によい印象を与えれば、仕事も獲得できる

営業マンの売り込み、どちらを選ぶ？

「人を外見で判断するな」と、幼い頃から教えられてきたと思います。しかし、実際には、**「メラビアンの法則」***でも知られるように、**外見（視覚情報）は人を判断するうえでの大きな要素の1つ**になっていて、その人の印象には外見が大きくものをいっているのです。

例えば、あなたの会社に、競合する2社の営業マンが企画を持ってきたとします。1人はプレスの効いた上下揃いのスーツ姿、もう1人はヨレヨレのスーツで不潔そうな雰囲気でした。

さて、あなたはどちらの営業マンに好感を抱きますか。多くの人はプレスされたスーツの営業マンを選ぶのではないでしょうか。

清潔なスーツ姿の人は、それだけで好感がもて、不思議なことに企画まで優れた内容に思えてきます。一方、ヨレヨレのスーツの人の場合は、まだ企画書に目を通していないにもかかわらず、大した企画ではないのではと感じてしまいます。つまり、**担当者が企画書を見る前に、ある程度勝負がついてしまっている**のです。

多くの人と接するビジネスマンにとって、外見を整えることがいかに重要なことであるかがわかるでしょう。

地位や肩書きにも左右される

外見とともに人の判断材料となるものに**地位**や**肩書き**などがあります。例えば、職業が弁護士や医師、教師なら、それだけで人格者だと思

＊**メラビアンの法則**　アメリカの心理学者メラビアンの提唱した法則。第一印象のときに得る情報のほとんどは視覚情報から得ているというもの。

い込んでしまったり、名刺に部長や課長の肩書き（自分より上の地位の肩書き）があると、それだけでかしこまってしまいます。

実際には悪徳弁護士もいればセクハラ教師もいるし、肩書が専務でも、ただ単に社長の息子だからもらえた肩書きかもしれません。このように、**肩書きや身分などのイメージを利用して、実態以上に自分を大きく見せたり、信憑性《しんぴょうせい》をもたせる効果**を、**ハロー（光背）効果**、または**威光効果**といいます。

ちなみに地位や肩書きも、広い意味では外見の1つとされます。

ハロー効果とは

「ハロー」とは「後光が差す」というときの「後光」のこと。ポジティブな方向に認知されるポジティブ・ハロー効果と、ネガティブな方向に認知されるネガティブ・ハロー効果があります。

ポジティブ・ハロー効果

- いつもあいさつをしてくれる社員を、「勤務態度が真面目」と判断する。
- 有名大学を卒業しているだけで、優秀な人材と評価する。

なかなか
見どころが
あるヤツだ

ネガティブ・ハロー効果

- 営業成績が悪い社員を、「いつも遊び歩いている」と判断する。
- 高卒というだけで、仕事ができても評価しようとしない。

いつも
遊び歩いて
いるからだ

13

ゴマすり上手

相手の好意を得るためのコミュニケーション方法の1つ

ゴマすりを上手に使いこなすために

お世辞は、人の機嫌を取るために使うほめ言葉ですが、誰しもほめられれば悪い気はしません。ビジネスの世界では、上司や取引先に気に入られたいために、よくお世辞を使います。

「あいつはゴマすりがうまいよな」と陰口をたたかれても、それによって良好な人間関係を構築することができるなら、上手に使いこなしたほうが得策といえるでしょう。

「ゴマすり」というとイメージがよくありませんが、心理学的には**迎合行動**の1つと考えられています。迎合行動とは、特定の他者の好意を得るための言動を指し、**「取り入り」***ともいいます。これは立派な社会的なコミュニケーション方法の1つなのです。

ゴマすり（取り入り）を効果的に使うにはどうしたらよいでしょうか。まず、**お世辞を言って相手をヨイショするの**が最もポピュラーなゴマすりです。ただし、的外れなお世辞は逆効果になります。**自分を卑下《ひげ》することで相手を持ち上げる**方法もあります。相手の意見に**「その通りですよね」と同調する**と好印象を与えることができます。また、相手の行動に注意して、お節介にならない程度に**親切にすることで「自分だけが特別」と思わせる**こともできます。

少し持ち上げる「ティーアップ」

ゴマすりと似ていますが、**相手をいい気持ちにさせるティーアップ**と呼ばれるテクニックも

＊**取り入り**　特定の他者の好意を得るための言動。他者の好意を得るために自分自身をPRする「自慢」も「取り入り」の一種といえる。

あります。ゴルフボールをティーに乗せるように、相手を少し持ち上げる（ティーアップする）のです。ビジネスマンにとって、これは必須のテクニックといえるでしょう。

ティーアップするには、**相手のよいところを探し出す**ことです。例えば、上司に「今日のネクタイ、素敵ですね」と言ったり、取引先の部長に「この部署はいつも活気がありますね」などと話しかけます。それだけで相手は気分がよくなり、あなたの好感度も上がるはずです。

ティーアップするためには、普段から相手の外見や状況などに気を配るようにしましょう。

ゴマすり（取り入り）のテクニック

ゴマすりはコミュニケーションを円滑にするためのテクニックでもあります。上手に世渡りする術として身につけるとよいでしょう。

賛辞

お世辞を言って、相手をヨイショする。ただし、的外れなお世辞は逆効果。

卑下

自分を卑下することによって、相手を持ち上げる。

同調

相手の意見に同調する。ただし、繰り返すとわざとらしくなる。

親切

相手の行動に注意し、気を配って親切にする。そうすることで「自分だけが特別」と相手に思わせる。

14

コミュニケーションが苦手な若者

強い対人不安、非言語的コミュニケーションの不足

若者の関心は自分自身にある

よく、「新入社員はコミュニケーションがヘタ」「普通に会話ができない」などという不満を耳にします。**対人不安、社会的不安**という言葉がありますが、これは対人的な原因によって引き起こされる不安感情を指します。特に、会話するときにこの不安が発生し、「相手に軽蔑されるのではないか」「嫌がられるのではないか」と、**自分への評価を非常に気にします**。

この対人不安を、心理学者**バス**は、**「恥ずかしい気持ち（シャイネス）」「聴衆不安」「困惑」「恥」**の4つに分類しました。このうちシャイネスと聴衆不安がまず先に来て、次に困惑と恥の感情が生じるとしています。

日本人は、程度の差こそあれ、誰しも対人恐怖心を秘めているそうです。特に若者は**関心が自分自身に向いているため、自分の行動と周囲の関係に目が行きやすい**ともいえます。

非言語的コミュニケーションが大事

ところで、コミュニケーションには、言葉を使ったものと、そうでないものがあります。前者を**言語的（verbal）コミュニケーション**と呼び、後者を**非言語的（non-verbal）コミュニケーション***といいます。

私たちは、この2つを活用して、自分の意思や感情、その他の情報を相手に伝えています。言語的コミュニケーションでは、具体的な話の内容（言語情報）を伝えますが、**相手との関係**

＊**非言語的コミュニケーション**　心理学者メラビアンの調査では、話し手の印象を決める割合は視覚情報55％、聴覚情報38％、言語情報7％。

性や好意を表現するときは、非言語的コミュニケーションが効果を発揮します。

非言語的コミュニケーションとは、表情、しぐさ、態度、ジェスチャー、声の大きさや質などです。若者に共通して不足している、未成熟なのがこの非言語的コミュニケーション能力ではないでしょうか。そして、相手が発信する非言語的コミュニケーションを読み取る能力も不足しているといえます。

もちろん、経験不足もその一因ではありますが、現代の若者の人に対する好奇心の欠如が潜んでいるのかもしれません。

非言語的コミュニケーションの種類

心理学者ナップは、非言語的コミュニケーションを以下の7つに分類しています。それぞれ無意識的に発せられることが多く、より本音を表しているといえます。

身体動作
- 表情
- 身振り手振り（ジェスチャー）
- 視線
- 姿勢　など

身体特徴
- 容姿（体型や服装）
- 体臭
- 髪の毛
- 皮膚の色　など

接触行動
- 触れるか否か、どのように触れるか（スキンシップ）　など

近言語
- 声の高低
- 声のリズム
- 話すスピード
- 表情（泣く、笑う）　など

プロクセミックス
- 対人距離
- 着席行動　など

人工物の使用
- 化粧
- 服装
- アクセサリー　など

環境
- 温度
- 照明
- インテリア　など

15

転職を繰り返す

理想を求めてさまよい続ける「青い鳥症候群」

終身雇用は今や幻想

高度経済成長期の日本では、企業が従業員を定年まで雇用する**終身雇用制度**が当たり前とされていました。しかし、低成長時代に入ると、この制度に揺らぎが生じ、今や崩壊寸前となっています。

若者たちは「社員を大切にしてくれる会社」こそ幻想ととらえ、「うちは**ブラック企業**（従業員に劣悪な労働環境を強いる企業）だから」と冷ややかに言い放つケースも多いのではないでしょうか。

そのような状況下、新卒で入った会社に定年まで尽くすという感覚は、はなから若者たちに望めないでしょう。また、企業から見ても、若者たちの転職は珍しいことではなくなっています。つまり、働く側の転職希望は社会が広く認めるようになっているのです。

「もっといいもの」を探し求め続ける

若者たちは、何とか手に入れたものの、「いや、もっといいところがあるかもしれない」と新しい仕事を探し始めます。このように、「何か」を求めてさまよい、混乱してしまうことを、心理学では**「青い鳥症候群」***といいます。

青い鳥症候群は、幼い頃から過保護に育てられ成績のよかった人や、何をするにも親の監視下に置かれていた人が多く陥るといわれています。その人たちは、そこそこ成績がよかったのでプライドが高いと考えられます。しかし社会

＊**青い鳥症候群**　ベルギーの詩人メーテルリンクの童話劇『青い鳥』の主人公チルチルとミチルは、幸福を招くという青い鳥を求めて旅する。

性を養う訓練をしないままに大人になってしまい、思い通りにならないと我慢ができなくなるといった共通点があります。

また、一度決めた仕事が、働き始めた瞬間から欠点ばかり目について、つまらないものに思えてしまうという心理も働いているかもしれません。この心理を**「幸せのパラドックス」**と呼んでいます。

ついにつかんだ「幸せ」も、つかんだ途端に日常に紛れて色あせ、退屈を感じるようになってしまうことが多々あります。幸せの青い鳥を求めて、転職を繰り返すのかもしれません。

時代を映す、いろいろな症候群

時代の流れとともに、いろいろな症候群が生まれています。時代背景を象徴するような症候群のいくつかを紹介します。

青い鳥症候群

「今の自分は本当の自分ではない」と思い、次々と職を変えていく若者の傾向のこと。

ピーターパン症候群（➡P58）

社会的に自立したくない、大人になりたくない子どもの状態のこと。思春期以降の男子に多く見られる、社会的不適応現象。

無気力症候群（アパシー症候群）

仕事や勉強といった、やらなければならない本分に対して目標を喪失し、無関心、無気力に陥る状態。サラリーマンの場合はサラリーマン・アパシーという。

荷降ろし症候群

五月病に似た状態。5月以外にも見られる症状なので、この名がついた。目標を達成したあとに、何もやる気が起こらなくなり、無気力に陥ってしまうこと。

16

ストレスで出社拒否症になる

真面目で頑張り屋の人ほど陥りやすい心の病

会社までの足取りが重くなる

最近遅刻が増えた、連絡もなく欠勤する日が多いといった同僚がいたら**出社拒否症***かもしれません。出社拒否症は**抑うつ症状の1つ**で、いわば**「大人の不登校」**といえます。

精神的な症状として、憂うつ感、無価値感、無気力などが挙げられます。身体的には、症状が軽い場合は、朝起きると頭がボーッとして会社へ行くのが嫌になったり、会社までの足取りが妙に重く感じたりします。症状が進むと、出社しようとすると激しい吐き気や動悸を感じたり、さらに会社が近づくと息苦しさや頭痛に襲われることもあります。こうなると、日々の生活にも支障をきたすようになります。

また、特に**月曜日は会社に行きたくなくなる**という人もいます。これは**月曜病**とも呼ばれ、「また新しい5日間が始まるのか」と憂うつになるなどして出社したくなくなる症状です。

職場のストレスが原因

さらに、**うつ病**になる人も非常に増えています。それだけかかる頻度の高い病気ですが、甘く見てしまうと重症化する危険もあります。

出社拒否症もうつ病も、**組織の合理化や能力主義（成果主義）、人間関係などの職場のストレスが大きな原因**になっています。

このような心の病にかかりやすい人は、**真面目で頑張り屋タイプ**の人が多いようです。だからこそ、大きな仕事を任されたりすると、その

＊**出社拒否症**　出勤拒否症などとも呼ばれる。会社が近づくにつれて動悸が激しくなったり、出勤途中に腹痛に襲われ、途中下車するなどの症状がある。

責任感から重責に押しつぶされそうになって不安が高まり、さらに挫折してしまうと立ち直れなくなってしまうのです。

また、そうした症状に気づいても、社内評価が気になって、休むことができません。そのつらさは傍《はた》からは気づきにくいものです。ですから周囲の人は、怠けていると思って頭ごなしに叱ったりしないことです。本人を焦らせるような励ましの言葉も避けるようにしましょう。

もし自分が出社拒否症やうつ病かもしれないと思ったら、心療内科を受診するか専門のカウンセリングを受けるようにしたいものです。

CHECK LIST

「出社拒否症」自己チェック

出社拒否症になりやすいタイプの傾向を知って、自分がいくつ当てはまるかチェックしてみましょう。

- ☑ 真面目で頑張り屋
- ☑ 几帳面で完璧主義
- ☑ 仕事が生きがい
- ☑ 自分の能力を超える仕事でも、1人で頑張ってしまいがち
- ☑ 自分の能力に自信がある
- ☑ 会社での自分の評価がとても気になる
- ☑ どんな些細な指摘でも、自分の評価ダウンにつながると考えてしまう

アメリカ精神医学会発表の「精神障害の分類と診断の手引き」(DSM-5)を改編

17 突然無力感に襲われる

バリバリ働いてきた人が陥る「バーンアウト症候群」

真面目で責任感が強い人ほどなりやすい

バリバリ仕事をしていた人が突然無力感に襲われ、燃え尽きてしまったように、何もやる気が起きなくなった状態を**「バーンアウト*（燃え尽き）症候群」**といいます。

これは1980年、アメリカの心理学者フロイデンバーガーによって提唱された概念で、それまで仕事に生きがいを感じ、働いてきた人が**エネルギーを使い果たし、燃え尽きた状態に陥ること**です。

大きなプロジェクトを成し得たときや、長年働いて定年を迎えたときなど、**一区切りついたあと**に多く現れます。原因は、それまで献身的に取り組んできたのに十分に認められていないとか、自分の思っていたような成果が上がらなかったなど、不満や無力感、忸怩《じくじ》たる思いが重なって、心身が消耗していくことが考えられます。この状態は、**真面目で責任感が強く、物事にのめり込みやすい人や、完璧主義の人**などが陥りやすいといえます。

初期症状としては無気力、不眠、体力低下などが現れ、進行すると頭痛や胃痛などの身体的な症状が現れます。さらに進むとうつ状態になることもあり、そうなると職場へ行くのも嫌になってきます。

誰でも陥る恐れがある

バーンアウト症候群は誰でも陥る恐れがありますが、特に、医師や看護師などの医療・福祉

＊**バーンアウト症候群**　打ち込むものがなくなったとして、テニスのジェニファー・カプリアティ、サッカーの闘莉王などもこれになったと報道された。

関係者に多い症状として知られています。懸命に治療や看護をした患者が、その甲斐なく亡くなったあとに陥ることが多いようです。

そのほか、子育てが生きがいだった専業主婦が子どもを育て終えたとき、勉強に励んできた受験生が受験を終えたとき、またオリンピックを目指して練習を重ねてきたスポーツ選手が見事メダルを獲得したときなども同じような症状が現れることがあります。バルセロナオリンピック（1992年）の女子マラソンで見事銀メダルに輝いた有森裕子選手も、バーンアウト症候群に苦しんだ1人です。

バーンアウト症候群の症状

バーンアウト症候群は他人事ではなく、誰でもかかる恐れがあります。仕事一筋のビジネスマンやスポーツ選手、医療・福祉関係者などがよくかかるといわれています。

からだの兆候

- 肩こりがある
- 胃が痛む
- よく寝られない
- 頻繁に頭痛がある
- いつも疲労感がある

心の兆候

- これまで楽しかったことが楽しくなくなる
- いつも不安を感じる
- 集中しにくい
- 悲観的になる
- 希望が感じられない
- 常に欲求不満
- 怒りっぽくなった

行動の兆候

- 食事を摂らない
- 働いても成果が上がらない
- 1人で食事することが増えた

説得上手になるテクニック

「説得」とは、意図的なメッセージを送ることで、相手の意見や信念、態度などを変えさせせることです。説得にはいろいろな手法があり、相手やその内容によって、手法を使い分けると効果的です。
会議や商談、さらに意中の異性を説得するときにも使ってみましょう。

Technic

1 フット・イン・ザ・ドア・テクニック（段階的説得、または段階的要請法）

一度簡単な要請に応えてしまうと、次の難しい要請を断りにくくなる、という心理を利用。

→

「前にも同じようなことを引き受けたのだから」という意識があるので、断りにくくなる。

例　まず少額の借金を申し入れ、貸してもらえたら、次に多額の借金を申し入れる。

Technic

2 ドア・イン・ザ・フェイス・テクニック（譲歩的要請法）

拒否されることを見越して大きな要請をし、相手が拒否したときに、今度は小さな要請に切り替える。

→

大きな要請を断ると、若干の後ろめたさがあるので、次の小さな要請を「譲歩してくれた」と考えて、受け入れやすくなる。

例　仕事の対価を交渉する場合、まず多額を申し入れ、断られたあとに少額を申し入れる。

Technic

3 ロー・ボール・テクニック（承諾先取り要請法）

最初に好条件を提示して、相手の承諾を得る。しかし、この好条件は偽物で承諾を得たあとに条件を変えてしまう。

→

いったん承諾すると、承諾したほうに義務感が生まれてしまうので、多少条件が変わっても、断りにくくなる。

例　高い利子を付けて返済することを条件に借金を申し入れる。借りたあと、利子を低くする（あるいは無利子にする）要請をする。

Technic

4 片面提示（一面提示）

主張したい内容に対する賛成論だけを提示する。

例　商品を紹介するとき、その長所だけを説明する。

Technic

5 両面提示（二面提示）

賛成論と反対論の両方を提示する。

例　商品を紹介するとき、長所も短所も説明する。

部下にやる気を起こさせる方法

あなたの部下や同僚に、やる気のない人はいませんか？
何とかやる気を出させて、職場全体の士気を上げたいという方、
ぜひパブリック・コミットメント（誓約・公約を公表する）の
テクニックを使ってみてください。

Technic

1 達成動機をつくる

その人にとって、ちょうどいい目標をつくってやると、やる気が出る。失敗するかもしれないが、成功すればとてもうれしいといった感想を得るものがいい。つまり、チャレンジ精神が湧いてくるものにする。

Technic

2 パブリック・コミットメント（誓約・公約の公表）

大勢の前で目標を宣言すると、そのために努力する確率が高くなる。キックオフ・ミーティング（プロジェクトの開始を宣言するための集まり）もその1つ。

Technic

3 外発的動機づけ（アメとムチ）

外発的動機づけとは、叱ったりほめたりして、やる気を起こさせること。上司からほめられれば、次はさらに頑張る。また、「これができたらチーフを任せる」などと、報酬をちらつかせるのも手。叱るときは、頭ごなしに叱るのではなく、「君には期待している。もっとできるはずだ」といったフォローが必要。

PART 6

恋愛における心理

01 結婚相手の選び方、女と男の違い

女性はステータスや数字で、男性は外見と相性で選ぶ

理想の条件を満たしている相手を求める

女性はよく**「結婚相手の条件」**の話をします。バブルの時代、女性の結婚相手の理想像は**「3高」**[*]という言葉に象徴されました。つまり、高収入、高学歴、高身長だったのです。これらは見事に数字に換算できる条件です。ところがバブル崩壊後には**「3低」**が理想像といわれたことがあります。これは低姿勢、低依存、低リスクを表しています。現在はどうなっているのでしょう。社会の移り変わりとともに、女性の理想像も変わるものかもしれません。

いずれにしても、女性が結婚を考えるとき、**自分が理想とする何らかの条件を満たしているかどうかが重要**であるようです。そして、条件を満たしていれば結婚してもかまわないと女性の多くは考えます。**長い結婚生活において、必要なのは生活力であり、コミュニケーション能力**だという意識が根底にあるからでしょう。

女性は男性のステータスを求める

特に生活の安定を望むためには、夫となる男性の**経済力**が必要です。職業についても条件を出します。「大企業勤務」「医者」……といったようにです。つまり、多くの女性は交際相手や結婚相手に**ステータス**を求めます。「愛があればお金は関係ない」「男の価値はお金では決められない」というのは表向きといえるでしょう。

経済力があるということは、**「能力があって、知的レベルが高い」**ことを意味しています。こ

↘（理解し合える→階層が同じかちょっと上）、Cooperative（協調的な→家事を進んでやってくれる）の3つを意味する。

のような人と結婚すれば、生まれた子どもにもそのDNAが受け継がれるという思惑もあるかもしれません。

男性は若くて美しい女性が好き

男性は交際相手を選ぶとき、女性の外見を重視します。**「若くて美しい女性が好き」**というのは男性一般に言えることでしょう。男性タレントが大きく年が離れた若い女性と結婚するたびに話題になるのもうなずけます。

若さには**丈夫な子どもを産み育てるという健康的なイメージ**があり、美しさには審美的な魅力を感じているのです。

一方、**年上の女性と結婚する男性**も増えています。従来は5〜10歳ぐらい年下の女性と結婚するパターンが一般的でした。これは、人生経験が豊富で経済力もある男性が、年下の女性をリードするのが当然と考えられていたからです。女性もまた、リードしてもらうのが当たり前と考えていました。

しかし、そのリーダー性が一部の女性と男性の立ち位置を変えてしまったといえます。**リードされたい男性、リードしたい女性**が増えているともいえるでしょう。

心理学トリビア　婚活がブームになった背景

就職活動を「就活」と呼ぶように、結婚活動を「婚活」と呼ぶようになったのは2007年あたりからです。2008年には流行語大賞にもノミネートされました。

それに伴って、婚活をサポートするさまざまなサービスも激増しました。婚活をしないと結婚することが難しい時代を象徴しています。

晩婚化、非婚化が加速する中で、未婚者が増えている主な理由として、「出会いの機会が少ない」「経済的な理由（非正規雇用者の増加、子育てをできる環境が整っていないなど）」「結婚相手への条件が難しい」「異性との交際が上手にできない」「結婚観・価値観の多様化」があります。

＊**3高**　1980年代末のバブル経済全盛期に女性が結婚条件に求めたもの。流行語にもなった。バブル崩壊後、心理学者の小倉千加子は3Cを提唱。Comfortable（快適な→十分な給料）、Communicative↗

02 恋人を奪う女、尽くす女

人のものがほしくなる略奪愛、尽くすことで喜びを見出す捧げる愛

奪って優越感を味わいたい

「彼女って、人の彼氏を奪うのが得意よね」と言われたり、「私って、なぜか人の彼氏を奪っちゃうのよね」と言う女性がいます。こうしたケースを、俗に**略奪愛**とか**略奪婚**といいます。あなたにも、「奪う」までは行かなくても、友人の恋人や夫に好意を抱いたことは少なからずあるのではないでしょうか。

なぜ人の恋人や夫に好意を抱いてしまうのでしょうか。理由としては、すでにでき上がっているカップルからは、**安心感と、その相手が「いい人」だという印象を受けるからです**。彼女が恋人に選んだのだから、いい人に違いないとインプットしているのです。自分が改めてその男性を知る必要がありません。

あるいは、**「隣の芝生は青い」***というように、**自分では手に入れられないものに興味が湧く**こともあるかもしれません。何でも他人のものはよく見えてしまうものです。

奪う男性の彼女が、自分のライバルだった場合は、その女性に「負けるものか」と闘志を燃やして、何とか自分に振り向かせようとする意識が働くこともあります。**「彼女よりも私のほうが魅力的なのよ」という優越感を味わいたい**だけかもしれません。

いずれにせよ、人の彼氏や夫に恋心を抱くのはその人の自由だとしても、本当に奪ってしまうことになれば、彼女や妻、その子どもたちまでも傷つけてしまうことになります。自分自身

＊**隣の芝生は青い**　他人のものはよく見えるという心理を表した言葉。自己嫌悪や劣等感から、自分の悪いところと、相手のよいところを比較してしまう。

も晴れ晴れとした気持ちにはなれません。略奪愛となるときは、さまざまな軋轢《あつれき》を覚悟しなければならないのです。

尽くすことで喜びを得る

一方で、とにかく男性に**尽くす女性**がいます。家事のできない彼の家まで行って、掃除、洗濯、料理、アイロン掛けまでしてあげる人がいます。そのとき女性は思うのです。**「彼は私がいないと生きていけないのよ」**と。あるいは**「こんなに尽くしているのだから、私は愛されているはず」**と。

尽くす女性は、「奪う愛」とは反対に、彼と一緒にいたい、認められたいという自分の願望を満たすために、相手に**「要求としての愛」**を示します。つまり、**「捧げる愛」**です。無意識のうちに、**人のために尽くすことが自分の喜びにつながっている**といえるでしょう。

しかし、男性にしてみれば、尽くしてくれたからといって、必ずしもその女性を愛するわけではありません。ただ「感謝」しているだけの場合も。そのとき、尽くす見返りが得られないと、女性は「こんなに尽くしているのに、裏切られた」と逆上することになります。

心理学トリビア　男女間に友情は成立する？

「男と女の友情は成り立つのか」は、男女間の永遠のテーマといえます。

「成り立つ」という人は、実際に異性と友情を育んできた経験がある人でしょう。交友関係が広く、人間関係の複雑さにも慣れている人です。恋愛経験も豊富ですが、一方で束縛されることを嫌うタイプです。

「成り立たない」と答える人は、実際に異性と友人関係を築くのは難しいでしょう。異性と接することに消極的ですが、異性と接するときは、自分の異性としての魅力をアピールしようとします。男女のあいまいな関係には耐えられない傾向もあります。また、異性だけでなく、人に対して好き嫌いがはっきりしていて、友達を限定して付き合う人が多いようです。

03

フラれたあとは落としやすい？

自信を失ったときに好意を示すと、相手は喜ぶ

自己評価が低くなったときが狙い目

好意を寄せていた人に告白したのに、「ごめん、友達としてみているから」などと断られると、勇気を振り絞って告白しただけに、「私って魅力ないんだ」と意気消沈してしまいます。

そんなところへ優しく声をかけてくれた男性や、「付き合ってくれない？」と誘ってきた男性には、何となく好意が芽生え、交際が始まるということも少なくないでしょう。

この女性は、今まで**自己評価***が高かったのに、フラれたことで自己評価が低くなってしまっているのです。そんなときには、普段は受け入れられない相手も受け入れやすくなります。逆に、好きな人を何とかして振り向かせたいと思っている人は、**自己評価が下がっているときに優しく励ますと好きになってもらえる確率が高くなる**といえるでしょう。

「好意の自尊理論」の実験

このように、自己評価が低いときに、好意を示してくれた相手に強い魅力を感じるようになる心理現象を、**「好意の自尊理論」**と呼びます。イギリスの心理学者**ウォルスター**は、これを実証するため、次のような実験を行いました。

①女子学生に事前に性格検査を受けさせます。

②後日、その女子学生たちを実験室に呼び、容姿のよい男子学生（サクラ）を送り込みます。男子学生には女子学生に優しく話しかけさせ、最後にデートに誘わせました。

＊**自己評価**　「自分を愛する気持ち」「自分を肯定的に見る」「自信をもつ」の複合体ともいえる。自己評価は、「高い／低い」「安定／不安定」で表せる。

③男子学生が退出したあと、女子学生に、最初に行った偽《にせ》の性格検査の結果を渡します。渡した結果には二つのパターン（自己評価が上がるようなものと、自己評価が下がるようなもの）がありました。
④その後、デートに誘った男子学生への好意度を答えてもらいました。

その結果、自己評価が下がるような性格検査の結果をもらった女子学生のほうが、自己評価が上がるような性格検査の結果をもらった女子学生よりも、男子学生に好意を抱いていることがわかりました。

実験

「好意の自尊理論」の実験

心理学者ウォルスターは、人は自己評価が下がったときのほうが恋に落ちやすいことを、以下の実験で明らかにしました。

1 女子学生たちに事前に性格検査を受けさせる。

2 後日、その女子学生たちを実験室に呼び、容姿のよい男子学生（サクラ）を送り込む。男子学生は、女子学生に優しく話しかけ、最後にデートに誘う。

3 男子学生が退出したあと、女子学生に、最初に行った性格検査の偽の結果を渡す。
A：自信をもてるような高評価（自己評価が上がる）
B：自信を失うような低評価（自己評価が下がる）

4 その後、デートに誘った男子学生への好意度を回答してもらう。

結果

Bの検査結果をもらった女子学生のほうが、男子学生に対してより好意を抱いていることがわかった。

04

好きな人を振り向かせるために印象操作をする

好きな人の好みに合わせてしまう

印象操作は好意をもってもらうため

あなたが好きな男性が「俺はショートカットが似合う女が好みなんだ」と言ったのを耳にしたとします。どうしても彼に振り向いてもらいたいあなたは、ショートヘアにしようと思うのではないでしょうか。

このように、**相手の好みに自分の印象を合わせようとする心理**を、**印象操作***といいます。この心理は、実験でも証明されています。

アメリカのプリンストン大学で、集まってもらった女子学生に、まずキャリア志向か、家庭志向かを確認しておきます。そして、第一印象に関する実験をすると言って、ある男性のプロフィールを渡します。

それには「21歳。身長183センチ。同じプリンストン大学3年生。趣味はドライブとスポーツ。恋人募集中。理想の女性は、物腰が柔らかく家庭的で、人前では夫を立てることができる女性」とあります。

次に女子学生に、「あなた方の情報をその男性に渡すので、質問用紙に記入してください」と依頼します。その質問は、女子学生にはわからないように、「キャリア志向か、家庭志向か」が判別できるようになっています。

その回答を分析したところ、最初に「キャリア志向」と答えていた女子学生の多くが、「家庭志向」に変わっていました。つまり、素敵だと思われる男性に好意をもってもらいたいために、無意識に彼の嗜好《しこう》に合わせたのです。

＊**印象操作**　他者によい印象を獲得するために自己を操作すること。アメリカの大統領選挙で行われるイメージづくりも印象操作の1つといえる。

無理な印象操作は破綻を招く

しかし、自分の意見を封じ込めて相手に合わせても、最初はうまく行っていたとしても、時間が経てば、それが大きな障害になってくることがあります。

前述の実験の例でいえば、キャリア志向で、バリバリ働くことが夢だった女性が、家庭的な女性を求める男性と結婚した場合、その価値観の違いからケンカが絶えなくなり、いずれ離婚してしまうことも考えられます。印象操作も無理のない程度のものにするべきでしょう。

3D仮想世界での印象操作

3次元の仮想空間サービスは、利用者が自分の分身を使って架空の世界で探索したり、他の利用者とチャットしたりするもの。ここでも恋愛やパートナー選びが行われています。

例えば、仮想世界で楽しむ恋愛も、印象操作で勝負が決まる。

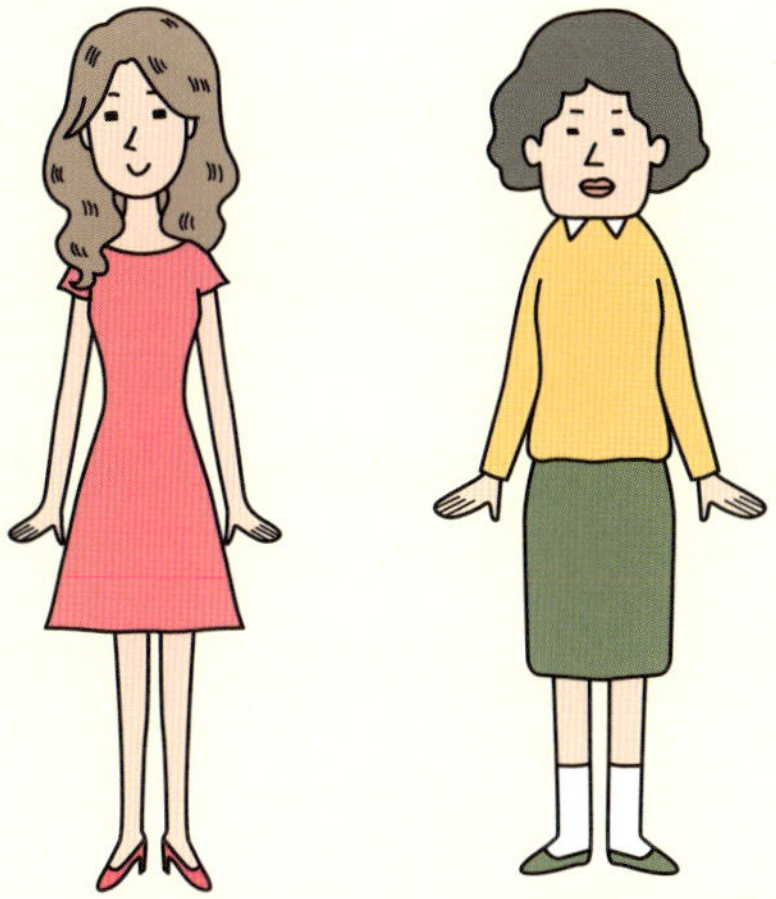

A 素敵な金髪美人

B おばさん臭い姿の女性

↓

仮想空間でのパーティーに参加すると、Aはいろいろな男性から声をかけられるが、実際の容姿はわからない。

05

「理想の異性＝好きな人」と思い込んでしまう

一目惚れはなぜ起こる？

過去に好きだった人と似ている

一目惚れ*は、**「のぼせ上がり」**ともいわれます。ある異性を初めて見た途端に、性的に強く引かれる状態です。よく「私は一目惚れしやすいタイプ」と言う人もいれば、そうでない人もいます。誰もが一目惚れするわけではないのです。では、どのような人が、どのようなときに一目惚れするのでしょうか。

一目惚れしたからといって、瞬時に相手の性格や心の内を見抜いて好きになるわけではありません。一目惚れは**以前付き合った異性や、自分が理想に思っている異性と似た人に遭遇したときに起こる**ようです。過去に好きだった人や理想の異性に似ていることで、「その人＝好きな人」という図式が頭の中にひらめくのです。

また、**一目惚れが多い人ほど惚れやすい人**ともいえます。ところが、不思議なことに年齢を重ねてくると一目惚れの回数は減っていくといわれています。それは、理想と現実は異なることを学んでいくからです。

「熱愛」から「友愛」へ

容貌やスタイルといった外見から一目惚れするということは、自分がつくり上げた理想や幻想に惚れ込んでしまうことでもあります。しかし、実際に付き合っていくうちに、その人のメッキが次第にはげてきて、幻滅してしまうことも少なくありません。

『対人的魅力の心理学』を著したアメリカの心

＊**一目惚れ**　フランスでは「雷の一撃」とも呼ばれる。「情熱」「情念」ともいうべきもので、相手の外見（部分的魅力）が原因で起こる現象。

理学者**バーシェイド**と**ウォルスター**は、異性に対する愛情を**「熱愛」**と**「友愛」**に分けました。一目惚れは前者のタイプで、**強い生理的な興奮を伴う情動体験**と定義しています。このタイプの恋愛は一過性のものであり、熱しやすく冷めやすいといえます。

愛を確かなものにしていくためには、恋人と2人で過ごす時間が少なくとも6か月は必要といわれます。外見だけでなく、相手の思いやりや性格、知性などの特性に目を向け、一目惚れを本当の愛に成熟させていくことが必要なのでしょう。

一目惚れが起きるとき

一目惚れはどのようなときに起きるのか、定説となっているものをいくつか挙げてみます。

理想通りの人

イメージ通りの理想の異性に遭遇すると、親近感が涌き、心惹かれる。

顔の特徴が自分と似ている

目や鼻、口元、顔の雰囲気などが自分と似ていると親近感が湧く。

遺伝子の差が大きい人

自分にはない遺伝子をもっていると、自分と交配することによって、自分よりも優秀な遺伝子（2人の子ども）が生まれると考える。

06

男の浮気は性欲を満たすため、女は夫への不満から

浮気をする理由、男と女の違い

オスの本能と征服欲

「浮気は男の甲斐性《かいしょう》」とは、昔からよく言われてきた言葉です。実際、男は女性よりも浮気をしやすいという通念があり、「男は浮気をする動物だから、しかたがない」とあきらめている女性も多いでしょう。

男はなぜ浮気をしたがるのでしょうか。進化論的にいうと、オスはできるだけ多くのメスと交尾をして、**「子孫を残す（種の保存*）」**という**本能**があります。

また、妻（恋人）となる女性とセックスを果たし、「この女は俺のものだ」という**征服感**や**所有感**をもつと、次の未知なる女（メス）を探索し、征服したくなるのです。

女は心と体が満たされていないとき

一方、女性の浮気も増えてきています。昔は女性が貞淑《ていしゅく》であることを社会も本人も当然のことと考えていましたが、現在は、未婚の女性の浮気率は、実に6割以上というアンケート結果もあります。そして、**教育程度の高い女性ほど浮気の経験が多く、結婚前にセックス経験の多い女性ほど結婚後に浮気をしやすい**というデータもあります。

男性の場合は性欲を満たすために浮気をすることがほとんどですが、女性の場合は**好きになった相手と浮気をする**場合が多いようです。つまり、**今の夫（彼氏）に心も体も満足していないから**といえるでしょう。

＊**種の保存**　現在の種にたどり着くまでに無数の自然選択がなされた結果、ごく一部の種が生き残っている。これを「種を保存する能力」という。

浮気をするときの心理

浮気は正当化されるものではありません。特に、既婚の男女が浮気をして発覚した場合は、社会的制裁を受け、経済的にも高くつくことになります。そうしたことを考えて、浮気を行動に移さない人もいるでしょう。それでも浮気してしまう心理を6つのタイプに分けてみました。

アバンチュールが目的

冒険心や好奇心といった軽い気持ちで、一夜限りの浮気をするタイプ。あくまで「遊び」であり、家庭に戻ると「いい父・母」を自然に演じることができる。

ゲーム感覚

浮気はゲームと同じで、「相手をいかに落とすか」に夢中になる。目的を達成してしまうと、興味がなくなり、次のターゲットを探す。自分の魅力を試したいタイプ。

自分の存在価値を求めている

「自分には魅力がない」と、容姿や性格、能力に自信をもてないタイプ。女性に多く、男性に言い寄られると、「必要とされている」と思い、誘惑に乗ってしまう。

夫や恋人への復讐《ふくしゅう》が目的

恋人に浮気などのひどい仕打ちをされた仕返しとして浮気をする。過去にも同様の経験がある人は、自己防衛として先に浮気をすることも。

進展を恐れる

過去に人間関係で大きく傷ついた経験をもつ人は、対人恐怖の傾向がある。そのため1人の人に決めて深く付き合うことを恐れ、浅く付き合う浮気を繰り返す。

「青い鳥」を探す

結婚しても、恋人ができても、「もっといい人がいるのでは」と、理想の「青い鳥」を探すために浮気をする。強いコンプレックスを抱いている場合が多い。

07

女は男の浮気にすぐ気づく

女のカンはパートナーの浮気を見破る

いつもと違う様子に動物的なカンが働く

探偵社や興信所に多く依頼があるのは**浮気調査**です。中でも女性からの依頼が多く、その依頼理由は、「どうも私のパートナーが浮気しているようだ」という確証のないものです。しかし、実際に調査してみると、ほとんどが当たっているといいます。つまり、**女性はカン*で浮気調査の依頼**をするのです。

例えば、単身赴任中の夫の部屋を訪ねたとき、部屋の雰囲気を見ただけで、**「何か変だ」**と感じます。夫に似つかわしくない片づけ方とか、冷蔵庫を開けたら意外と食料がそろっていると か、あるいは夫の話し方、表情などでもピンと来ます。

そして、「疑わしい」と感じたら、直接夫に「浮気しているでしょ」と迫ることはしません。「あら、意外と片付いているじゃない？」と話しかけ、それに対する夫の出方を待ちます。夫の答え方（声の調子や微妙な表情の変化など）で、自分のカンとズレがないかチェックしているのです。

こうしたチェックを、女性は無意識・無自覚に行っています。女性のカンは、どうしてこんなにも鋭いのでしょうか。**女性にとって最も大切なことは「安心」を得られること**です。子どもを産み、育てなければならないということは、それだけで男性よりも安定した生活を確保しなければなりません。そのことを幼児期から無意識に理解しているといえます。子どものころは

＊**カン（勘）** 第六感、鋭い嗅覚。理屈では説明しがたい、本質をつかむ心の動き。いつもと違うわずかな情報の違いを感じ取ると、動物的なカンが働く。

両親の気持ちをチェックし、彼氏ができるとその行動をチェックし、結婚すると夫の行動や表情を毎日チェックしているのです。

だからこそ、いつもと違う雰囲気、目線、手つき、におい、家具などの配置、ごみの中身など、細かいことに観察力が届くといえるでしょう。怪しいと直感したら、自分が納得できるまで疑い続けるため、証拠が見つかるまでチェックし続けます。

男は意外なほどに鈍感

ところが男性は、意外なほどに鈍感です。このように自分がパートナーからチェックされていることに多くの場合、気づかないのです。だからこそ、「そのハンカチ、誰にもらったの?」といきなり質問されると、しどろもどろになったり、いつもと違う言動になり、さらに確信を与えてしまいます。

男性がパートナーに浮気を気づかれたと感じるときは、女性が確たる証拠を握ったときで、時すでに遅し。もう潔く謝るしかありません。それなのにヘタに弁解などすれば、余計にボロが次々と発覚してしまいます。女のカンは、かくも恐ろしいと覚悟したほうがいいでしょう。

心理学トリビア 女のカンは、どんなときに働く?

女性は、パートナーのどんな行動に違和感、疑問を抱くのでしょうか。

- いつもと何となく違う雰囲気
- 目の動きが変
- 落ち着きがなく、妙に周りを気にしている
- 普段口数が少ないのに、口数が多くなった
- 普段口数が多いのに、口数が減った
- いつもと違って、妙に優しい
- 携帯電話を片時も離さなくなった
- 携帯電話をサイレントモードにし始めた
- 聞いてもいないことを話す
- 些細な質問に敏感に反応するようになった
- 食事や持ち物の好みが変わった
- ファッションに気をつかうようになった

08

マメな男はなぜモテる？

女性が欲していることを、恩着せがましくなくできる

なんでこんなイイ女がブ男と？

すごい美人の友人が結婚すると聞き、相手の写真を見せてもらって「えっ、なんでこんな不細工な男と…」とびっくりしたことはありませんか。そして彼女から返ってきた言葉は「とにかくマメなの」。こんなカップルは少なくないでしょう。

確かに**「マメな男はモテる」**というのは本当のようです。「マメな男」とはどんな男性でしょうか。例えば、メールも含めて、よく相手に連絡する。女性がメールをしたら、すぐに返事が返ってくる。誕生日を覚えている。何かしてあげたら、必ず感想を言ってくれる。服装や髪型を変えたら、必ず気づいてほめてくれる。好きな食べ物を覚えていてくれて、デートのコースに組み込んでくれる。こうしたことを、さらりと、自然にできる人です。

タイミングと距離感が大切

マメな男の行動は、心理学的にも理にかなっています。好意を示すと、本当に嫌でない限り、相手も好意を持ちます（**好意の返報性**➡P142）。頻繁に連絡を取り、会う回数を増やすと、好感度が高くなります（**熟知性の原理**）。相手を称賛すると、相手の**自己是認欲求***が満たされます。また、マメさは相手に**安心感**を与えます。

しかし、このマメさも、**タイミングと距離感**を間違えると、単に「うっとうしい男」になってしまいます。マメな男性は、女性が欲してい

＊**自己是認欲求**　自己肯定欲求。他人から称賛されることで、自己評価と自尊心を高めることができる。自分を高く評価してもらいたいという欲求。

る、されるとうれしいことを、あくまでさり気なく、恩着せがましくなくできるのです。これは、かなり難易度の高いテクニックといえるでしょう。こうした小さな心づかいの積み重ねが女性の心を射止めるようです。

しかし、結婚してしまうと、**「釣った魚にエサはやらない」**という原理で、それまでのマメさがパッタリとなくなったという男性も多いようです。あるいは、そのマメさがほかの女性に向いて、浮気を繰り返す男性もいます。女性は、彼のマメさが本物かどうかを見極める必要があるでしょう。

マメな男は女性の喜ぶポイントを知っている

女性を惹きつける男性の「マメさ」とは何でしょうか。その一例を紹介します。

▶ 定期的にメールする

彼女からもらったメールに対する返信がすばやいこともポイント。

▶ 彼女の誕生日などの「大切な日」を忘れない

スマートフォンに誕生日を登録していれば、「大切な日」を忘れないですむ。また、アプリでサプライズ性を高める工夫も。

▶ 髪型や服装の変化をサラッとほめる

まず変化に気づくことが重要だが、これが男性にはなかなか難しいようだ。

▶ 彼女の好き嫌いを記憶している

好きな食べ物がおいしいレストランなどを予約して、デートに組み込むなど。

▶ 道を彼女に譲ったり、ドアを開けたりする

あくまでもさり気なく行う。イスを引いてあげたり、荷物を持ってあげるのも高ポイント。

09

ペニスが大きいこと、イカせられることが男の勲章と信じている

「大きさ」「イカせる」にこだわる男

ペニスは女性を喜ばせる武器?

男同士の会話で、「あいつは意外と巨根だ」とうわさし合ったり、特に思春期では「俺のは小さいのでは」と悩む男性が多いといいます。女性にしてみれば、「なぜそんなことを気にするの? バカみたい」と感じるでしょうが、男性にとっては気になる問題のようです。

なぜ男性は**ペニス*の大きさを**気にするのでしょうか。それは、男性なら誰しも心の中に**「巨根神話」「巨根願望」**が潜んでいるからです。そして、**ペニスが大きければ、セックスのときに女性に快感を与えることができる**と信じています。つまり、ペニスは女性を喜ばせる武器であり、**女性にモテるための大きな要因**になると思っているのです。

しかし、実は女性の性感帯は膣《ちつ》だけでなく、耳や首筋、太もも、乳房など、さまざまな場所にあります。性器にしても、膣の中よりもクリトリス周辺のほうが快感を得られることも多いのです。

また、女性のセックスにおいて、ペニスの大きさはそれほど問題ではないといいます。前戯や後戯などでどれだけ喜ばせてくれるか、愛してくれるか、などが大切なのです。むしろペニスが大きすぎると膣が圧迫されて苦痛だという人もいます。

男と女はオーガズムが違う

セックスのあと、女性が「イッた」かどうか

＊**ペニス**　フランスの英雄ナポレオンはペニスが短小で悩んでいたという。実際、彼の主治医はナポレオンのペニスは短小で早漏だったと記録している。

を気にするのも男性の特徴です。女性を「イカせる」ことが男性の勲章だと思っていて、「イカせる」ことができれば自分が有能だと確信でき、満足します。逆に、女性が「イッていない」と感じると自信喪失してしまいます。

しかし、**男性と女性とではオーガズム*に違いがあります**。男性の場合は**「射精」**がオーガズムですが、女性にはこのように明確なオーガズムはありません。前戯でイク人もいれば、後戯でイク人もいます。また、どんなセックスでもそのたびに満足できる人もいれば、まったく感じない人もいます。つまり、女性の場合は個人差が大きいのです。

こうした男女のオーガズムの違いを男性は理解していないために、女性にはっきりと「イク」ことを求めます。そこで女性も男性を喜ばせるために演技をするようになります。

女性の感じ方やオーガズムについて、男性がきちんと理解していれば、このような思い込みは無駄だとわかるでしょう。

心理学トリビア　精神分析家が示した男根性格

オーストリアの精神分析家フロイトは、リビドー(性衝動)の発達過程を口唇《こうしん》期(0～18か月)、肛門期(1～3歳)、男《だん》根《こん》期(3～6歳)、潜伏期(6～12歳)、性器期(12歳～)という5段階に分け、それぞれの発達段階で、バランスよく性欲が満たされるなら、リビドーの発達はスムーズに移行していくと考えました。

男根期は、男子はペニス、女子はクリトリスにリビドーを感じ始める時期であり、異性の親に性的関心を持ち、同性の親を憎む気持ちが強まるとしています。

「性の解放」を理想とする性欲理論を示したオーストリアの精神分析家ライヒは、幼児期の性的体験による性格形成を、ヒステリー性格、男根性格(男根期自己愛的性格)、性器的性格に分類しました。男根性格は「男らしさを誇示するように精力的で、自信に満ちている」としています。

＊**オーガズム**　オルガスムスともいう。性的快感が最高潮に達した状態のこと。女性がオーガズムに達しない要因は、自分自身に問題がある場合と、相手に問題がある場合とに分けられる。

10

自分に似た相手に魅力を感じる

お互いに似ている人を選ぶマッチング仮説と類似性の法則

似ている相手は安心できる

カップルを見ると、**似た者同士**と感じることが多いのではないでしょうか。アメリカの心理学者**バーシャイド**らによると、自分に似た人をパートナーに選ぶ傾向があるといいます。

趣味やルックス、ファッションの好みなど、**お互いに似通った部分が多い人と結びつきやすい**ことを**マッチング仮説**＊といいます。育ってきた環境、学歴、価値観、宗教観、娯楽や態度などとも似ているとお互いに惹かれやすいのです。なぜかというと、それらが似ている人なら話が合うことも多いからです。

また、自分よりも魅力がある相手には拒否されるのではないかという不安が生じます。その逆に、自分よりも魅力がない相手の場合は、自分のプライドが許しません。その結果、自分に見合った相手を選ぶことになります。

お互いの距離を縮めるために

ところで、出会った瞬間はお互いのことがわからないけれども、何かしら**お互いの類似点を見出して親近感を得て、相手との距離が縮まっていく**のも恋愛の通例といえます。これを**類似性の法則**といいます。

類似性の法則には、①性格や興味、趣味、価値観などが似ていると付き合いやすい、②自分と態度が似ているため、相手の行動が予想しやすく同意も得られやすい、③相手に合わせる心理的負担が少なくてすむし、無用なケンカをし

＊**マッチング仮説**　釣り合い仮説ともいう。例えば、相手に拒否されることを恐れて、自分に釣り合った人なら成功率が高いと考えて告白するなど。

なくてすむ、といった特徴があります。

どうにかして相手に好かれたいとか、異性と上手にコミュニケーションが取れないと悩んでいる人は、これを逆手に取って、好きな相手との距離を縮めてみましょう。意識して相手に似せる方法を**ミラーリング***といいます。つまり、

鏡に映すように真似ることで、**「人が自分と同じ態度を取る相手に対して好感をもつ」**という心理を利用するのです。

ただし、何から何まで真似るのでは、相手を不快にしてしまいます。ある程度似ていればよしとするのがポイントです。

相手に好かれるために「類似性の法則」を利用

類似点を見つけて相手に親近感を与えることができれば、恋愛は進行していくでしょう。

動作を真似る

相手が足を組んだら自分も足を組む。相手がコーヒーを飲んだら、自分も飲むなど。

声のトーンを真似る

もの真似にならないように加減する。

会話のスピードを真似る

相手がゆっくり話せば、自分もゆっくり話す。

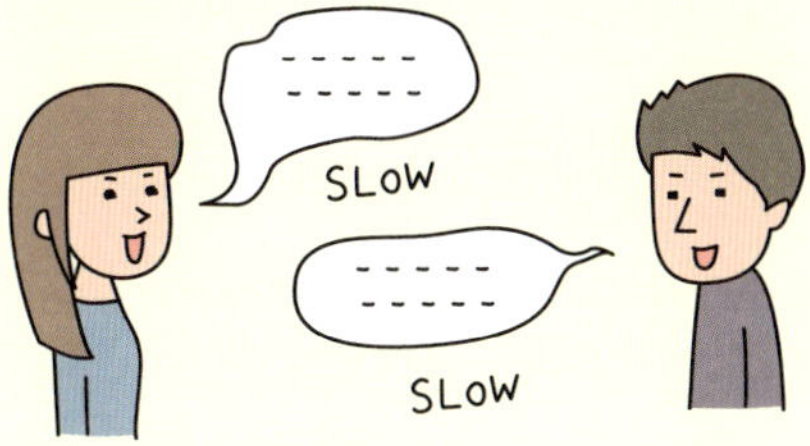

＊**ミラーリング**　相手のからだの動きに注目して真似すること。姿勢や足の位置、うなずき、身ぶりや手振り、呼吸などを真似る。相手に真似していることがばれないように、自然に振る舞うのがコツ。

11

性格が正反対の相手を選ぶとき

自分にないものを補ってくれる人に惹かれる

度が過ぎた相補性は危険

似た者同士をパートナーに選ぶことを**マッチング仮説**（➡P234）といいます。逆に、自分にないものに惹かれることを**相補性***といいます。

相補性とは、文字通り**お互いが自分に足りない部分を補い合うこと**です。例えば、整理整頓がまったく苦手な女性が、きれい好きな男性と付き合うといった具合です。彼にとっては彼女から頼られ尊敬されて、自分の価値が上がり、いい気分になります。女性からしてみれば、自分の苦手なことをパートナーがやってくれるのですから、助かります。つまり、**助け合い**の意味合いも含まれるでしょう。

ただし、この女性にとって男性は、単なる都合のいい存在と見ることもできます。女性が男性に頼りすぎて、自然な形で助け合うことがないと、よい結果はもたらされないでしょう。

度が過ぎた相補性は、「彼に○○してもらえないと、自分1人では何もできない」や「彼女がいないと、自分の価値が実感できない」といった**依存体質**になり、やがてどちらかに不満が芽生えて破局してしまうかもしれません。

出会いは類似性、結婚は相補性

したがって、相補性が重要になってくるのは、出会ったばかりの相手ではなく、結婚相手だということができます。例えば、経済観念がない男性にとっては、家計を上手に切り盛りしてくれる女性が結婚相手として必要でしょう。

＊**相補性**　スイスの心理学者ユングは「相補性」について、外向的な人は、実は無意識のうちに内向的なものに補われていると考えた。逆の場合もある。

しかし、最初から相補性を考えて相手を選んでいると、自分の利益しか考えないエゴイストとなってしまいます。**相補性は、あくまで2人の仲がよくなってから有益になる**ものです。つまり、**出会いでは類似性が、関係が進展してきたら相補性**が必要になってくるといえます。

危険な香りのする男性に惹かれる女性

ところで、女性は危険な香りのする男性に魅力を感じるといいます。どんな男性が好きかと聞くと、多くの女性が**「優しい人」**と答えますが、そんな人は物足りず、**「ちょいワル*」**な男性がいいという声も聞きます。

不安定でスリルを感じさせてくれる男性は、時にハラハラしますが、同時にドキドキもさせてくれます。実はこのような男性は、**女性を落とすテクニック**も兼ね備えています。女性を口説くためには努力を惜しみません。それを女性、特に**恋愛経験の少ないウブな女性は、パワフルな男性として見惚れてしまう**のです。

女性（特に若い女性）は、常に刺激を求めています。そんな気持ちを満足させてくれる不良タイプの男性が人気になるのもわかるような気がします。

心理学トリビア　安心感のもてる男性はどんな人？

結婚を考えるとき、女性は危険な香りのする男性よりも、安心感のもてる男性を選びます。結婚したあとにまでハラハラ、ドキドキはしたくないからです。では、どんな男性が安心感をもてるでしょうか。その見分け方の例を紹介します。

- 優しさ、思いやりがある
- 何でも話せる
- 一緒にいて楽、素顔を見せられる
- 誠実で責任感がある
- 話し合いができる
- お金に対する価値観が同じ
- 決断力がある

＊**ちょいワル**　2005年に「ちょいモテオヤジ」が流行語になったが、男性向けファッション誌『LEON』が提唱した「ちょいワル」オヤジも支持されるようになった。不良がかったおしゃれな中年男性を指す。

12

困難な恋ほど燃え上がる

反対されればされるほど、愛が深まると勘違いしてしまう

ロミオとジュリエット効果とは

劇作家**シェイクスピア***の**『ロミオとジュリエット』**のあらすじを紹介します。14世紀のイタリアの都市ベローナでは、モンタギュー家とキャピュレット家が、血で血を洗う抗争を繰り返していました。ところがモンタギュー家のひとり息子ロミオと、キャピュレット家のひとり娘ジュリエットが恋に落ちます。両家が反目し合っているため、2人は密かに結婚しました。

そこへロミオの親友マキューシオがキャピュレット夫人の甥《おい》ティボルトに殺されるという事件が起こり、ロミオは逆上してティボルトを殺してしまい、追放の罪に処せられます。ジュリエットは父に強制されたパリス伯爵との結婚から逃れるために、仮死に陥る毒薬を飲み、埋葬されます。ジュリエットが死んだと思い込んだロミオは、彼女の横で服毒死します。目覚めたジュリエットは、傍らに倒れているロミオを見て短剣で自殺してしまうのです。

この悲劇は、両親（両家）の反対で恋人関係を引き裂かれる2人の恋が、幾多の困難によってさらに燃え上がってしまうことを物語っています。この戯曲にちなんで、**障害がある恋愛が、より恋人同士を燃え上がらせる現象**を**「ロミオとジュリエット効果」**と呼びます。

障害が愛を燃え上がらせる？

恋愛しているときに、両親や友人たちに反対されたり、相手の悪口を聞かされたりすると、

＊**シェイクスピア**　1564〜1616年。イギリスの劇作家。4大悲劇『ハムレット』『マクベス』『オセロ』『リア王』や、『ベニスの商人』『夏の夜の夢』など。

反発してさらに相手への愛情が深まります。つまり、**干渉されると、自分の考えに執着するので、愛が深まったと感じられる**のです。

これは、禁止されていることほど、やってみたくなる心理にも似ています。この心理を**心理的リアクタンス**＊といいます。

また、オーストリアの精神分析学者**フロイト**は、**「リビドーを高めるためには、何らかの障害が必要」**と述べています。「リビドー」は、フロイトが名づけた言葉で、性的欲望、性衝動と訳されます。人間の性本能の基底となるエネルギーを指しています。

なかなか手に入らない「入手困難効果」

何度告白しても、なかなか承諾してくれない女性のように、相手を手に入れる苦労が大きいほど、相手が魅力的に見える状況を「入手困難効果」といいます。

1 気に入った女性に声をかける。

2 デートに誘ってみる。

3 もう一度誘ってみる。

＊**心理的リアクタンス**　自分の意見や行動を他人から制限されたり強制されたりしたとき、反発して、自分の意見に固執したくなること。特に、反抗期の子どもに強く見られる傾向。

13

助けた人を好きになる？

「好きだから助けた」と自分を納得させる認知的不協和理論

心の中にある矛盾を解消しようとする

ドラマや映画で、助けられた女性が助けてくれた男性に恋をする、あるいは助けた男性が助けてあげた女性に恋をする、というシーンを見たことがある人も多いと思います（初対面にも関わらず、という場合もあります）。

なぜ、このような状況から恋に発展するのでしょうか。人は普通、**相手を好きだからこそ助けると思っています**。嫌いな相手は助けません。**嫌いなのに助けたとなれば、その思いと行動に矛盾が生じます**。矛盾があると違和感や不快な気持ちが生じます。そこで、矛盾を解消するために、「自分は相手を好きだから助けた」と納得させるのです。このように、**心の中にある矛盾を解消しようとする心理作用**を、**認知的不協和理論***といいます。

仕事が納期までに終わらせられそうにない女性から、手伝ってほしいと頼まれた男性が、「なぜ、僕は彼女の頼みを引き受けたのだろう」と思います。そして、「嫌いな人の手伝いをする気にはなれない」→「だから僕はこの人が好きなのだ」→「そうでなければ、自分の行動は矛盾するから」と、自分の行動に説明をつけ、納得させるというわけです。

「別れたいけど、別れられない」という女性も、端から見れば、「別れようと思えばいつでも別れられるのに、どうして別れないのだろう」と思われますが、本人は、「別れたいけど別れられないのは、彼を愛しているからなのだ」と思

＊**認知的不協和理論**　アメリカの心理学者フェスティンガーが提唱した。自分の考えが否定されたとき、否定した人が間違っているとして納得するなど。

い込んでいる、あるいはそう思うことで自分を納得させているのかもしれません。

認知的不協和理論を利用する

この理論を、好意を抱く相手に、自分に振り向かせるために使うこともできます。

あなたが女性の場合、好意をもつ男性に、あなたから援助の手を差し伸べるのではなく、相手に援助してもらうように仕向けるのです。そうすれば、彼は、「彼女を助けてあげた自分は、彼女を好きなのだ」と、自分の行為を正当化し、実際に恋が実るかもしれません。

認知的不協和理論から恋が生まれる?

認知的不協和理論とは、自分の行動に矛盾がないように自分を納得させることです。その心理は、恋の芽生えにも当てはまります。

① 仕事が終わらなくて困っている同僚がいる

↓

② そこへ、援助の手を差し伸べる

好きだから助けた = **協和状態**	嫌いなのに助けた = **不協和状態**
↓	↓
これは一般的な考え方に矛盾しない	飽和状態と矛盾し、不快になる

14

スリルを共有すると恋に落ちる？

異性に対するドキドキ感と勘違いする錯誤帰属

スポーツ観戦や遊園地は恋に落ちやすい

最近は、スポーツ観戦バーなどで、同じひいきのチームを知らない人たちと一緒に応援するシーンをよく目にするようになりました。そのような場所で偶然隣り合わせた異性と仲よくなったという話も聞きます。

歓喜のとき、興奮したとき、不安なときなどに、人はアドレナリン*が分泌され、心臓の鼓動が速くなって、ドキドキ感を味わいます。これを**生理的覚醒状態**と呼びます。

このドキドキ感が、たまたま居合わせた異性に対するドキドキ感と勘違いして、その異性に恋してしまった気になることがあります。このような勘違いを**錯誤帰属***といいます。

遊園地は恋に落ちやすいというのも、この錯誤帰属が影響している場合が考えられます。遊園地にはジェットコースターやおばけ屋敷など、スリルや恐怖を味わえるアトラクションが多くあるためです。また、ハラハラドキドキを味わえるアクション映画などの鑑賞も同じような状況が生まれやすいといえるでしょう。

興奮が冷めると恋も冷めやすい

しかし、錯誤帰属によってカップルになった男女は、それが一時的な興奮状態によるものであるため、**興奮が冷めると同時に恋も冷めてしまったということも多い**ようです。つまり、別れる確率が高いわけです。興奮状態でも相手を見る冷静さは失わないようにしましょう。

＊**アドレナリン**　副腎髄質から分泌されるホルモンで、血液中に放出されると心拍数を上げて血圧を上昇させる。興奮した状態をつくるホルモン。

実験

「吊り橋実験」でスリルと恋心を実証

錯誤帰属によって恋に落ちやすいことを、カナダの心理学者ダットンとアロンが、吊り橋を使って実験したのが、有名な「吊り橋実験」です。

実験方法

渓谷にかかる2本の橋のどちらかを男性に渡ってもらい、渡った直後に実験者の女性が男性に声をかけ、「この実験の詳しい説明が知りたければ、連絡をください」と言い、連絡先を渡す。そして、橋を渡った男性が実験者の女性に連絡してくるかどうかを調べた。

結果

	Aの吊り橋を渡った	Bの吊り橋を渡った
女性の実験者に電話をかけてきた	39%	9%
男性の実験者に電話をかけてきた	9%	5%

固定橋よりも、吊り橋を渡った男性からの電話が多かった。なお、実験者を男性にして同様の実験を行ったが、その場合はどちらの橋を渡っても違いはなかった。

生理的覚醒状態
吊り橋を渡ったスリルから味わうドキドキ

＋

女性の実験者
たまたま女性が近くにいたという適切な状況的手がかり

→

恋心
ドキドキを恋心だと思い込む錯誤帰属

＊**錯誤帰属**　本当の原因ではない別の事柄が原因であると錯誤すること。「帰属」とは、自己や環境に起きるさまざまな事象の原因を推論したり、その推論から自己や他者の内的特性を推論すること。

15

ストーカーをする心理

自己愛性パーソナリティ障害、反社会性パーソナリティ障害がある

古典的なストーカー、エロトマニア

近年、**ストーカー***の相談件数が激増し、殺人事件に至るケースもまれではありません。**古典的なストーカー**としては、1838年にフランスの精神医学者エスキュロールが命名した**「エロトマニア」**があります。これは有名人に対して、ロマンチックな恋心や妄想を募らせるものです。

しかし、現代のストーカーは、ごく身近な人（特に女性）を標的にします。好きな人のそばにいたいというのは誰しも抱く感情ですが、ストーカーは、好きな相手に執拗《しつよう》に付きまとい、その行動を監視したり、想いがかなわなければ強い恨みの念を抱いたりします。

加害者意識が薄いストーカー

ストーカーになる人は、心に大きな問題を抱えている場合が多く、相手に嫌われることは考えずに、常識ではあり得ない行動に走ります。彼らは、**常に意中の人の心の中に自分の存在がなくてはならない**のです。しかも、ストーカーには**加害者意識が希薄**で、むしろ**「捨てられた」「振り向いてもらえない」という被害者意識**をもっています。非常に依存性が高く、相手がいないと生きていけないと思っています。

ストーカーには**人格障害**があると考えられます。つまり、人格が常軌を逸してしまい、社会生活に支障をきたす状態です。中でも、自己愛性パーソナリティ障害、反社会性パーソナリ

＊**ストーカー**　この呼称が定着したのは日本では1990年代以降。それ以前は「変質者」などと呼ばれていた。2000年にストーカー規制法が制定された。

ティ障害が関係していると思われます。

自己愛性パーソナリティ障害は、「過剰警戒タイプ」と「無自覚タイプ」に分けられます。ストーカーは**「無自覚タイプ」**で、他人の反応に鈍感、攻撃的で、自分のことしか考えず、他人に傷つけられることを受け入れられません。

反社会性パーソナリティ障害は、良心の呵責《かしゃく》に欠けていて、違法行為や犯罪行為を冷静に引き起こすことがあります。

いずれにせよ、人格障害は精神病ではありません。責任能力はあると判断されますから、ストーカーは処罰の対象になります。

ストーカーのタイプ

ストーカーされるのは主に女性で、中でも20歳代が一番多いようです。ストーカーは、以下の2つのタイプに分けられます。特徴を知っておくと、恋人選びの参考にできます。

恋愛・復讐《ふくしゅう》型

- 最も一般的で、被害件数の多いタイプ。恋愛関係が壊れてしまったショックや不満などから、相手に復讐心を燃やし、報復行動に出る。
- 「忘れられない」「いつもそばにいたい」という執着心からストーカー行為に走る。

タレント型

- 有名人のファンや追っかけが高じて、住所や電話番号まで調べて追跡するようになる。
- サークルや職場、学校などの組織の中で目立つ人、人気者などを狙う。
- 自分の正体を隠してストーカーする。

16

「草食系男子」「だめんず」にハマる女

気楽に付き合える草食系、なぜか別れられないダメ男

草食系男子は待っていてはダメ

草食系男子*とは、近年増えてきた、いわゆる「男らしさ」にこだわらない、安定志向で大人しい男性を指します。女性にモテないわけではないのに積極的にならない。欲がなく余計なエネルギーを使わない、といった具合です。

　こうした草食系男子は、意外にも女性に人気があります。ガツガツしていないので異性を感じさせず気楽に付き合えます。しかし、**恋愛となると、草食系男子は女性にとって物足りない存在**です。女性はやはり男性が積極的になってくれたほうがうれしいのです。優柔不断で決断力のない人とも見える草食系男子も、ここぞというときには強くなることが必要でしょう。

　とはいえ、いつまで待っても積極的になってくれない草食系男子に業を煮やし、積極的にアプローチする**肉食系女子**が増えています。

「だめんず」の役に立ちたい女性

「だめんず」*とは、要するに**「ダメ男」**のことです。無職でブラブラしていたり、転職を繰り返したり、浪費癖があったり、ヒモのように女性に頼る男性です。しかし、こんなダメな男にどうしてもハマってしまうという女性は珍しくありません。

　では、どんな女性が「だめんず」にハマってしまうのでしょうか。

　まず、**自己価値が非常に低い女性**が挙げられます。自分を低く評価して、「私みたいな女に

＊**草食系男子**　コラムニスト深澤真紀が2006年、『日経ビジネス』の連載の中で使用。2009年に流行語大賞のトップ10に入る。

は彼みたいなのがちょうどいい」とあきらめています。

自立した「いい女」も、なぜか「だめんず」に引っかかります。「私だったら、彼を何とかできる」「役に立てる」といった**「助けたい症候群」**になっているのです。

こうした**優秀な女性は、周囲からいつも羨望《せんぼう》のまなざしで見られ、弱音を吐くことができません。**弱い自分を閉じ込めているために、甲斐性なしの男が現れたとき、弱さをさらけ出して生きる彼に、憧れにも近い感情を抱いてしまうのでしょう。

「だめんず」にハマってしまう女性

「だめんず」とは、いわゆるダメ男。「えっ、何で彼なの?」というような男性にどうしても惹かれてしまう女性がいます。

自己評価が非常に低い女性

「ダメな私には、ダメな彼がふさわしい」

- 過去に両親からほめられたことがない、否定ばかりをされてきた。
- 幼い頃からイジメや虐待を経験し、愛された経験がない。

助けたい症候群、無力感のある女性

「私が面倒見てあげなければ」
「彼といるときの私が本当の私」

- 子どものころから優等生で、誰かの面倒を見ることが自分の役目と信じている。
- 優秀な女性は弱音を吐きたくない。弱い自分や恐怖心を抑圧していく。そこへ現れたしがらみなく生きている「だめんず」に魅力を感じる。

＊**だめんず**　2000年から週刊誌『SPA!』に連載された、倉田真由美のマンガ『だめんず・うぉ～か～』は、ダメな男ばかり好きになってしまう女を紹介したもの。「だめんず」はそのマンガで使われた言葉。

恋愛の色彩理論「6通りの愛」

カナダの心理学者リーは、恋愛には6つの色彩（種類）があるとし、これをラブスタイルと名づけました。彼の理論は、「恋愛の色彩理論」と呼ばれます。さて、あなたの愛のスタイルはどれ?

リーの恋愛の6つの類型

リーは、6種類のラブスタイルを色相環（色を円形に並べて補色の関係を表した図）になぞらえて環状に配置しました。恋愛の基本スタイルは、エロス、ストルゲ、ルダスの3つで、その混合形としてマニア、アガペー、プラグマがあります。それぞれの位置関係には重要な意味があります。近い位置にあるラブスタイル同士は相性がよく、正反対の位置にあるラブスタイル同士は相性が悪いとされます。

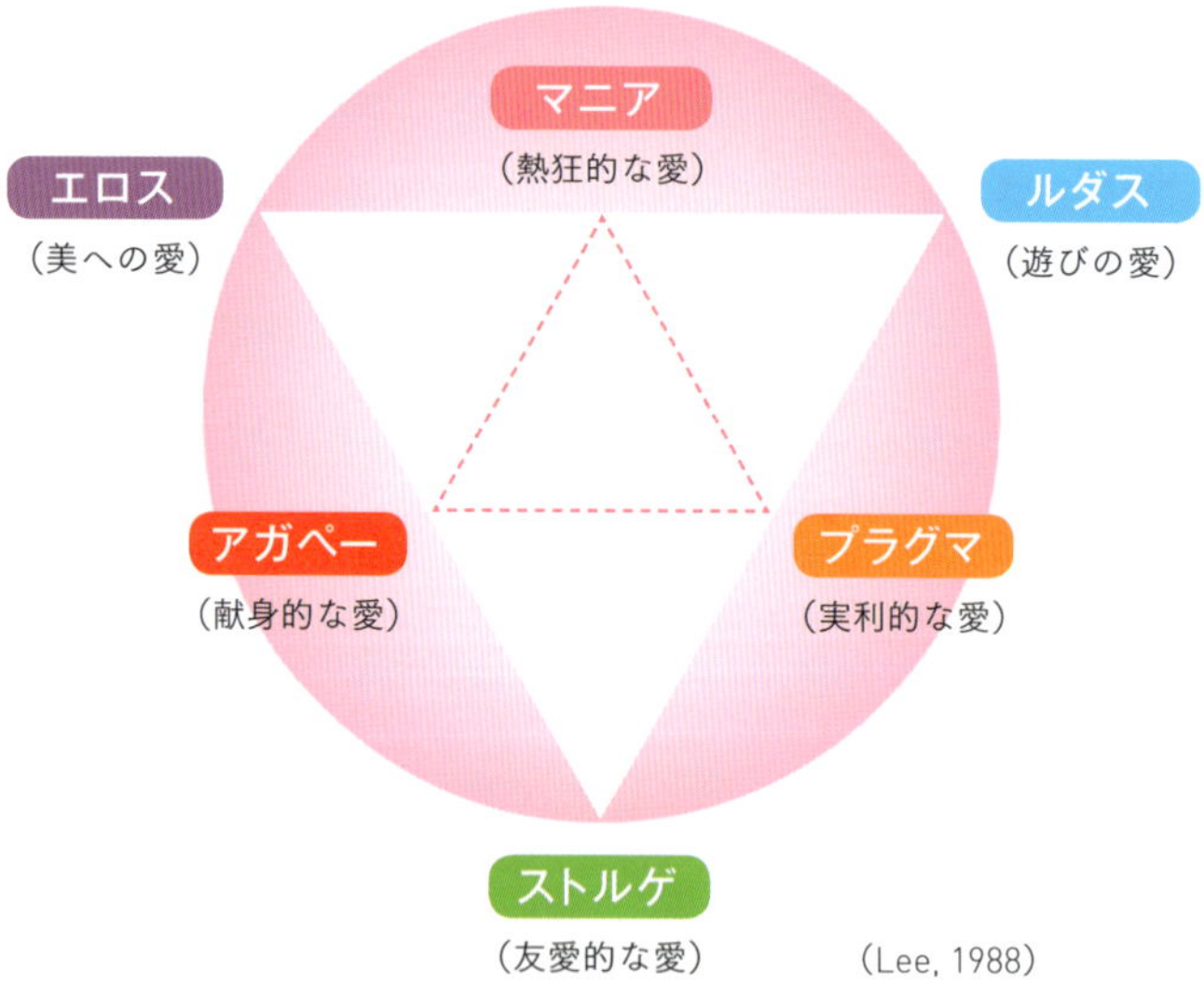

（Lee, 1988）

ルダス ↔ アガペー

恋愛をゲームと考えるルダス型は、奉仕的なアガペー型をうっとうしく感じる。交際しても楽しみは得られない。アガペー型にとっては、ルダス型は許せない。

プラグマ ↔ エロス

恋愛を道具のように考えるプラグマ型と、恋愛至上主義のエロス型は、交際してもお互いに相容れない。

ストルゲ ↔ マニア

友愛を求めるストルゲ型と、独占欲や嫉妬心が強いマニア型は、交際してもお互いに理解し合えない。

マニア型　熱狂的な愛

恋愛にのめり込むタイプ。激情をもち、独占欲、嫉妬心が強い。自分に自信がもてず、相手に対して不安になると、食欲が落ちるなど、いろいろな身体的症状が現れる。

ルダス型　遊びの愛

恋愛をゲームとしてとらえ、楽しむことをまず考える。クールで、交際相手に執着せず、複数の相手と付き合うことを求める。嫉妬や独占欲は少ない。自分のプライバシーに踏み込まれることを嫌う。

プラグマ型　実利的な愛

恋愛にロマンスは必要ないと考えるタイプ。愛を打算的に考え、自分に役立つような愛を求める。そのため相手は、社会的地位や経済力のなど、自分が設定したいろいろな基準に見合う人を選ぶ。

ストルゲ型　友愛的な愛

愛とは長い時間をかけて育まれるものと考え、友愛を求める。激しい嫉妬はあまり感じない。長い間離れて暮らしていても、不安や苦痛は感じない。人生の目標は、結婚して、家庭をもつこと。

アガペー型　献身的な愛

愛は無償のものと考え、相手のために自分を犠牲にでき、自分への愛さえも求めない。相手にとことん尽くしてしまう。もし相手が自分以外の人といるほうが幸せと感じたら、身を引くこともある。

エロス型　美への愛

恋愛至上主義で、一目惚れやロマンチックな愛を求める。恋人のために詩や手紙を書くなどの演出も好む。交際の初期段階で肉体関係になることを望むが、恋愛は長続きしないことが多い。

男と女の親密さはここをチェック

社内で立ち話している男女を見て、「あの2人は付き合っている」とわかる人はカンの鋭い人です。実は、ちょっとした男女のしぐさや振る舞いなどから、その親密度を推測することができます。

観察力を磨いて、コミュニケーションに役立ててみてはいかがでしょうか。

Check Point 1 見つめ合い方

恋人同士の場合

男女が見つめ合う時間や回数が多いほど、親密度が高まる。通常はお互いを見つめつつ会話をするが、恋人同士の場合は、その間に沈黙の時間が多く、それだけ見つめ合う時間も長くなる。

一方が相手を好きな場合

相手を好きな場合、その異性が普通にしゃべっていても、本人はつい見つめてしまう。

Check Point 2 姿勢とからだの向き

お互いに向き合う程度が強いほど親密度が増す。例えば、ベンチに並んで腰掛けている場合でも、お互いが正面を向くようにしてしゃべっていたら、かなり親密。脚のつま先や手の向きも、要チェック。相手のほうに向いていたら、相手に興味がある証拠。

Check Point 3 2人の距離

親しければ親しいほど、2人のからだの距離が近くなる。ベンチに並んで座っているとき、肩と肩の間が20cmより近づいていれば、親しい関係。逆に20cmより離れていれば、他人行儀な関係といえる。

Check Point 4 姿勢反響

他人と打ち解けることで信頼関係ができると、しぐさや表情などが似通ってくることを「姿勢反響」という。つまり、手や足の位置・動きが、2人とも似ていれば親しいと推測できる。男性が脚を組んだら、すぐに女性も脚を組むなど。

Check Point 5 足の組み方

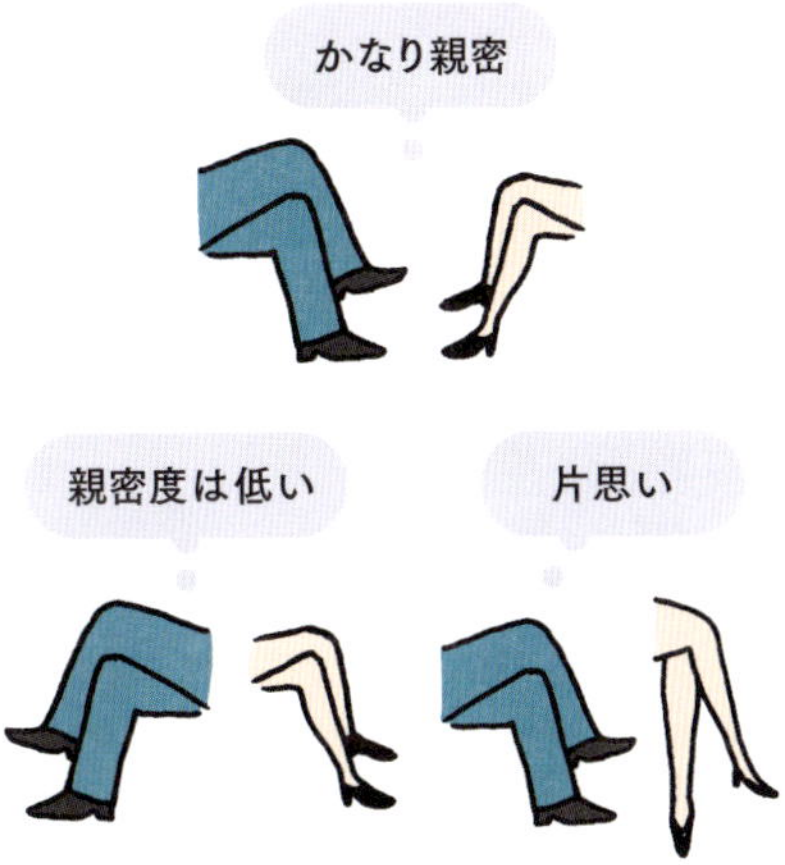

並んで座っている2人が、2人とも足を組んでいる場合、その足先がお互いの方向を向いていれば親密な関係とわかる。逆に足先がお互いにそっぽを向いている場合は、親密度は低くなる。一方だけ足先が相手に向いている場合は、その人の片思いと思われる。

Check Point 6 ボディタッチ

親密さを感じているほど、親密な相手にはボディタッチ（身体接触）が多くなる。励ますときなどに軽く肩を叩いたりと、何気ないボディタッチは日常的にあるが、これは仲のよい程度。背中もタッチするのはやや親密な感じ。腕を組んだり、手を握り合うのは親密。

INDEX

あ

か

著者　**渋谷昌三**（しぶや　しょうぞう）

1946年、神奈川県生まれ。学習院大学文学部を経て東京都立大学大学院博士課程修了。心理学専攻。文学博士。現在は目白大学教授。心理学における「非言語コミュニケーション学」をもとに、多くの著書でビジネスから恋愛までさまざまな人間関係についてわかりやすく分析・解析している。著書として、『心理操作ができる本』『心理おもしろ実験ノート』（以上、三笠書房）、『おもしろくてためになる心理学雑学事典』（日本実業出版社）、『人はなぜウソをつくのか』（KAWADE夢新書）、『面白いほどよくわかる！心理学の本』『面白いほどよくわかる！他人の心理学』『面白いほどよくわかる！恋愛の心理学』『面白いほどよくわかる！自分の心理学』（以上、西東社）など多数。

イラスト	稲葉貴洋、門川洋子、坂木浩子
デザイン	八木孝枝　佐藤明日香（スタジオダンク）
DTP	北川陽子（スタジオダンク）
編集協力	有限会社ピークワン

※本書は、当社ロングセラー『面白いほどよくわかる!他人の心理学』（2012年3月発行）をオールカラーに再編集し、書名・判型・価格等を変更したものです。

決定版《けっていばん》 面白《おもしろ》いほどよくわかる！
他人《たにん》の心理学《しんりがく》 オールカラー

2017年 5 月10日発行　第1版
2023年10月30日発行　第1版　第7刷

著　者	渋谷昌三
発行者	若松和紀
発行所	株式会社 西東社
	〒113-0034　東京都文京区湯島2-3-13
	https://www.seitosha.co.jp/
	電話　03-5800-3120（代）

※本書に記載のない内容のご質問や著者等の連絡先につきましては、お答えできかねます。

ISBN 978-4-7916-2563-5